NOTICE

SUR

L'ABBAYE DE FILLY

PAR

J.-F. GONTHIER

Aumônier des Hospices.

ANNECY

IMPRIMERIE DE F. ABRY

LIBRAIRE-ÉDITEUR

1892

NOTICE

SUR

L'ABBAYE DE FILLY

NOTICE

SUR

L'ABBAYE DE FILLY

PAR

J.-F. GONTHIER

Aumônier des Hospices.

ANNECY

IMPRIMERIE DE F. ABRY

LIBRAIRE-ÉDITEUR

—

1893

NOTICE

SUR

L'ABBAYE DE FILLY

En traversant de Douvaine à Thonon la plaine ravissante du bas Chablais, le voyageur contemple, sur sa droite, étalés au pied du coteau de Ballaison, de charmants villages au nom antique, harmonieux : Chilly, Le Bourg, Massongy, Prailles et ses carrières, Marignens avec sa tour, enfin Sciez avec son clocher roman et son église neuve. A sa gauche, entre la route et les bois de chênes, apparaissent, à demi-cachés dans les arbres, Bachelard, Conches, Sous-Etraz et, plus loin, aux abords de la baie de Coudrée, *Filly*.

Filly, petite bourgade arrosée par un ruisseau dit le *Nant,* était jadis plus célèbre que de nos jours. Il possédait en effet dans son voisinage une abbaye antique de chanoines de Saint-Augustin. Mais les Bernois vinrent et chassèrent les religieux ; sous l'action du temps et des hommes, les bâtiments peu à peu s'écroulèrent ; aujourd'hui, le gazon en recouvre la place ; une muraille, destinée à soutenir la terre le long de l'eau du *vion,* rappelle seule que là s'élevaient autrefois de grands et beaux édifices.

Les parchemins, qui contenaient l'histoire du couvent, ont subi le même sort que les pierres ; ils ont été dispersés aux quatre vents du ciel. Après de longues recherches, la Société d'histoire et d'archéologie de Genève a retrouvé une dizaine de chartes qu'elle a publiées dans ses *Mémoires*. Quelques chercheurs heureux se préparent, dit-on, à nous en exhiber d'autres.

En attendant l'apparition de leurs travaux, nous allons publier nous-même, tout en les faisant précéder d'une brève notice historique, sept chartes fort anciennes et des renseignements inédits que nous avons eu la bonne fortune de rencontrer. Nous faciliterons ainsi leur tâche aux futurs historiens du couvent.

*
* *

I. — Premiers propriétaires de Filly.

Au moyen âge, le territoire de Filly et la plupart des villages qui l'entourent : Excenevex, Coudrée, Massongy, Bons, Machilly, appartenaient à l'abbaye de Saint-Maurice d'Agaune, soit Saint-Maurice en Valais. Cette illustre abbaye, une des plus anciennes de l'Occident, les avait selon toute probabilité reçus de son fondateur ou mieux restaurateur, le célèbre Sigismond, roi de Bourgogne (515-517).

Quoi qu'il en soit, vers l'an 1026, Burchard, abbé de Saint-Maurice, du consentement de son frère Rodolphe III, dernier roi de la Bourgogne transjurane, et son cousin Burchard, prévôt du même monastère, cèdent au diacre Tibold, chanoine de Saint-Maurice, ainsi qu'à ses trois fils, Durandus, Harmannus et Stevillus, diverses terres dans le vieux Chablais, entre autres Evionnaz, Ollon, et dans le Chablais actuel la manse de Filly près de Sciez : « *Mansum unum in comitatu genevense, in fisco quod dicitur Siciaco, in* *villa que vocatur Fille*ʒ [1]. » Tibold, pour témoigner sa reconnaissance, fit don à l'abbaye d'un manuscrit contenant les Actes des Saints.

II. — Fondation du monastère.

Les nouveaux propriétaires de Filly ne tardèrent pas beaucoup d'y appeler des moines, chargés de défricher le cœur et l'intelligence des colons non moins que les terres. Ils choisirent dans ce but des religieux de Saint-Maurice ou peut-être du Grand-Saint-Bernard [2]. Dans l'un et l'autre de ces couvents, vivaient en commun des clercs qualifiés de *chanoines*. Les chanoines, placés à Saint-Maurice dès l'an 816, avaient d'abord suivi la règle de saint Chrodegand, évêque de Metz, tirée principalement des œuvres de saint Benoît ; mais ils venaient d'être réformés par les papes Nicolas II (1059) et Alexandre II (1063) qui leur enjoignirent de reprendre l'usage, alors abandonné, de vivre ensemble et de mettre en commun ce qu'ils recevraient de l'Eglise. C'était les ramener au genre de vie imposé à ses clercs par le grand évêque d'Hippone. Aussi puisèrent-ils leur règle dans sa lettre 109ᵉ adressée à des religieuses et prirent-ils le nom de *chanoines réguliers de Saint-Augustin* [3].

Cette règle, relativement bénigne, ne comportait pas

1. *Hist. patr. mon.*, chart. I, nᵉ 288. *Fiscus* signifie domaine. Une manse était une certaine étendue de terrain cultivé où le colon avait sa demeure. Ce mot a quelquefois le sens de *villa* soit hameau, village.

2. Un monastère de chanoines réguliers venait d'être établi sur le Montjoux par saint Bernard de Menthon (v. 1050).

3. Innocent II, au concile de Latran (1139), ordonna que tous les chanoines réguliers se soumettraient à cette règle. (Voir Hélyot, *Dict. des Ordres monastiques*, article *Chanoines réguliers.*)

les austérités que pratiquaient, vers le même temps, avec leurs compagnons, saint Bruno dans le désert de la Grande-Chartreuse ou Robert de Molesmes à Cîteaux. Elle était toute fondée sur la réforme du cœur. Chanter les louanges du Très-Haut et méditer ses oracles : être humble, chaste ; pratiquer la pauvreté et la sobriété pour soi, la charité et l'hospitalité envers les autres, l'obéissance envers son évêque et ses supérieurs : tel en est le résumé.

Sur la fin du xie siècle, un essaim de chanoines réguliers vint donc à Filly [1]. A 800 mètres au nord-ouest de la *villa*, sur la lisière d'une forêt de chênes, coule un ruisseau assez abondant nommé le *Vion*, qui descend de la colline de Boisy, sépare Filly d'Excenevex et va se jeter dans le lac entre ce dernier village et Coudrée. C'est sur le bord de ce ruisseau que nos chanoines établirent leur séjour. Ils défrichèrent une parcelle de bois et y élevèrent un monastère. Entourés de bois de toutes parts, excepté du côté de Filly, ils ne seront là troublés dans leurs pieuses méditations que par le murmure du Vion ou par le chant des oiseaux.

Les chanoines devaient être au nombre de huit, d'après la fondation primitive. On distinguait parmi eux : le *prieur*, — au-dessus duquel il y eut bientôt un abbé, — le sacristain et l'économe ; un autre avait la charge de la bibliothèque ; un autre, celle du vestiaire.

La première mention que nous ayons trouvée du nouveau monastère est de 1138. Cette année-là, An-

---

1. Dans les synodes diocésains, où les abbés réguliers étaient appelés en qualité de curés primitifs des paroisses dont ils étaient patrons, l'abbé d'Abondance siégeait le premier de tous. Venaient ensuite les abbés de Filly, d'Entremont, de Sixt, d'Hautecombe, etc. (Voir GRILLET, I, p. 116.)

selme, prieur de Filly, est présent à la donation faite au prieuré de Bellevaux en Chablais par Gérold de Langin [1]. Le même prieur assiste encore, seize ans plus tard, à un arrangement passé, à Lausanne, entre les chanoines du Grand-Saint-Bernard et leurs frères de Meillerie [2].

III. — Genre de vie et costume.

Pour habillement, les chanoines portaient en tout temps et en tous lieux une aube blanche qui descendait jusqu'aux talons ; sur les épaules, un mantelet ou *aumusse*, et par dessus une chape noire, fendue par devant de haut en bas, à laquelle était attaché un capuce dont ils se couvraient la tête [3].

D'après la règle donnée par le Bienheureux Ponce de Faucigny à leurs frères d'Abondance et le règlement de 1443, voici quelle devait être, à peu de chose près, la vie quotidienne de nos religieux :

Levés à 3 heures en été, à 4 heures en hiver, ils commençaient la journée par la récitation de matines et la méditation, après laquelle chacun d'eux offrait en son particulier le sacrifice de la messe. Venaient ensuite le déjeuner, la récitation de Prime, suivie de la lecture du martyrologe et de quelques articles de la règle, puis celle de Tierce, à la fin de laquelle on célébrait la messe conventuelle. Le reste de la matinée était consacré partie à la prière, partie aux travaux manuels et

1. Voir *Acad. Sav.*, série 2, t. II, p. 300, où l'on a toutefois imprimé par erreur *Fillinci* pour Filliaci.
2. *M. D. Gen.*, II, doc. XIII.
3. *Dict. des Ordres monastiques*, article *Chanoines réguliers*.

partie à l'étude, surtout à l'étude de la science religieuse et du chant. A midi, nos chanoines prenaient ensemble un frugal repas en écoutant attentivement la lecture de la vie des saints ou d'autres sujets pieux. Ils faisaient ensuite une promenade en commun, tenaient une conférence où l'on disait la coulpe, vaquaient à des travaux manuels quand le temps et la saison le permettaient, récitaient Vêpres et Complies, prenaient une légère collation et s'en allaient ensuite dans un dortoir commun goûter le repos du juste.

IV. — Revenus et charges.

Les exemples de sobriété, de régularité et d'activité donnés par les religieux de Filly excitèrent l'admiration des nobles et des serfs du bas Chablais ; les uns vinrent frapper à la porte du monastère en demandant humblement d'être admis à partager la vie des moines ; d'autres y apportèrent de généreuses offrandes. Nous allons citer les noms des rares donateurs qui ont échappé à l'oubli :

L'an 1155 [1], Guy d'Allinge, du consentement de son épouse Agathe, donne à dom Anselme, prieur de Filly, et à ses chanoines [2] son fief de Sciez (Seurt?), tel que le possédait auparavant Giraud de Massongy. Dans ce fief, qui s'étendait entre la terre de Filly, le lac, le Foron et le Vion, se trouvaient compris le bois voisin du

1. Cette charte est datée du règne de l'empereur Frédéric, l'an 1155, indiction 3ᵉ, le 20ᵉ jour de la lune, un dimanche. Le 20ᵉ de la lune et le dimanche se sont rencontrés, en 1155, les 27 mars, 21 août et 18 déc. (Note de M. Bruchet, archiviste.)

2. Archives de l'évêché d'Annecy, vidimus de 1470. (Voir le doc. nᵒ 1.) Ce Guy devait être le fils de Nᵉ Pierre, gouverneur des Allinges. Les d'Allinge sont, avec les de Blonay, la plus ancienne et la plus illustre famille du Chablais. (Voir l'*Armorial et Nobiliaire* de M. Am. de Foras.)

monastère et celui que Martin Gallea tenait du couvent. En retour, dom Anselme fit présent au généreux bienfaiteur de la somme de 40 sols et d'un cheval estimé 4 livres soit environ 480 francs de notre monnaie, et paya 13 sols tant à Giraud de Margencel qu'à ses frères pour avoir laudé cette donation. Parmi les nombreux témoins de cette charte figurent Dalmace de Ravorée et Pierre de Sciez [1].

Un siècle plus tard (janvier 1245), Jean, comte de Bourgogne et de Salins, leur donne six charges de sel à prendre, chaque année, dans son puits de Salins [2]. Guillaume, seigneur de Prangins, leur laisse, en réparation des dommages que lui ou ses ancêtres ont pu leur causer (26 mai 1256), sa terre appelée *la Comba*, au territoire de Ver, près de Rolle [3]. Pierre d'Yvoire, chevalier, du consentement de Pierrette, son épouse, leur donne (25 mai 1264) tous ses droits sur le bois de Feseley, le petit bois de Verney et sur la dîme des novales d'Yvoire, le tout du fief d'Anselme de Compeys [4]. Agnès de Faucigny (3 mai 1262) leur lègue la somme de 60 florins ou sols [5]; son époux, Pierre de Savoie,

---

1. La famille de *Ravorée* ou Rovorée, éteinte depuis deux siècles, était alors nombreuse et puissante. Elle avait tiré son nom du manoir de Ravorée, qui s'élevait à l'extrémité de la pointe d'Yvoire et qui fut pris par le comte de Savoie en 1307. Elle avait de vastes propriétés dans les vallées d'Aulps et de Lullin, à Fessy, à Yvoire dont elle posséda même le château. — La famille de Sciez, feudataire des Ravorée, était possessionnée dans la vallée du Biot. N° Olivier de Sciez eut d'Alexie (veuve en 1238-40) : Henri qui eut Jean et Anselme. Deux des fils de Jean, savoir Henri et Pierre, furent religieux d'Aulps. Anselme eut d'Alisie de Ravorée une fille, Isabelle, mariée plusieurs fois. Le 30 août 1371, le comte Amédée VI céda à N° J. de Champaud, bourgeois d'Evian, tous ses droits, hommes, etc. procédés d'Isabelle de Sciez. (Inv. d'Aulps.)

2. *Mem. D. Gen.*, XIV, n° 35.

3. Reg. gen., n°° 877 *bis* et 1026 *bis*.

4. Note de M. Am. de Foras.

5. SAINT-GENIS, *Hist. de Sav.*, III, 443, n'ose décider s'il s'agit de florins ou de sols. Le florin valait alors près de 25 francs de notre monnaie, suivant Blavignac.

dit le *Petit-Charlemagne* (7 mai 1268), celle de 30 livres [1] ; Jacques d'Allinge, chevalier, leur lègue peu après le revenu de 4 setiers de vin à prendre sur sa vigne de Robateys, près de Lausenette [2] ; et Sibille de Baugé, première femme du comte Amédée V, la somme de 30 livres viennoises (13 mai 1294 [3]). Enfin, Guillaume de Virieu, prêtre, fils de feu noble G. de Virieu, damoiseau (5 mai 1283), pour fonder son anniversaire dans le couvent de Filly, leur lègue le cens annuel de 20 sols de Genève, environ 50 francs de notre monnaie, qu'il assigne sur les abergements que tiennent de lui Amédée de Vaud et Jean Bonda [4], et Pierre d'Allinge, celui de 15 sols, à la même intention.

Des bienfaiteurs, dont le nom demeure inconnu, y ajoutèrent d'autres revenus et d'autres terres, en sorte que l'abbaye de Filly se trouva posséder, à la fin, le droit de patronage sur les églises de Sciez-Chavannex, d'Excenevex, d'Yvoire-Nernier, de Perrignier et de Burdignin [5], ainsi que le droit de dîme dans ces mêmes paroisses (pour les cinq sixièmes à Perrignier), celui de pêche dans le lac, le mercredi et le jeudi de chaque semaine [6] ; 200 journaux tant bois que broussailles sur Excenevex ; des terres et des cens dans les communes d'Allinges, Anthy, Armoy-Lyaud, Ballaison, Brenthonne, Douvaine, Fessy, Margencel, Massongy, Mes-

---

1. Guichenon, *Savoie*, III, p. 77.
2. *M. D. G.*, XIV, n° 210. Lausenette est situé entre Allinge et Margencel.
3. Guichenon, III, 151.
4. *M. D. G.*, XIV, n° 183.
5. Ce droit lui est déjà reconnu par Innocent IV dans un bref du 9 septembre 1250, qui accorde aux chanoines de Filly « *ut, in usus proprios retineant ecclesias de Scie, de Essevenay, de Evyre, de Perrigniaco et de Burdignins curam animarum habentes, necnon et capellas de Nerniaco et de Chavanay, in quibus jus patronatus habent* ». (E. Berger, *Les Registres d'Innocent IV*, n, 4819.)
6. Reconnaissance du 15 juin 1428 et 9 janvier 1501. (V. Somm. des fiefs.)

sery, Orcier, Thonon, etc.; des terres et des moulins à Lully, sous le château de la Rochette ; à Draillens, le domaine de Châtillonnet, qui contenait 50 seytorées de prés, bois ou *pasquis* [1] ; à Vacheresse, une partie de la montagne de Darbon. Enfin, dans les premières années du xive siècle, elle possédait au-delà de l'Arve, sur le territoire de Lancy, le prieuré de Saint-Georges, dont les dépendances comprenaient 160 poses de bois, 80 poses de terre arable, une de vigne avec 15 seytorées de pré et dont les censes rendaient, année moyenne, en nature : 8 octanes soit coupes de froment, 1 d'avoine et 8 chapons, et en argent : 16 sols, 6 deniers [2]. Une évaluation officielle, faite vers le milieu du xive siècle, porte le revenu total de l'abbaye et du prieuré réunis à 200 livres [3], soit à 6,500 francs environ de notre monnaie.

A côté de ces avantages il y avait des charges. L'abbaye devait entretenir de vastes bâtiments, douze chanoines, nombre de domestiques et d'ouvriers ; il lui fallait tenir en bon état les églises dont elle avait le patronage, celles au moins dont elle percevait les dîmes, meubler leur sacristie, pourvoir en un mot à tous les frais du culte. Une bonne partie de ses terres ou rentes lui avaient été cédées à titre onéreux, à charge d'acquitter des messes, de célébrer de coûteux anniversaires pour le repos de l'âme des bienfaiteurs, de donner un repas, etc., etc. Elle faisait l'aumône à tous passants et distribuait, chaque année, 25 muids, c'est-à-dire au moins 300 coupes de blé aux pauvres de

---

1. Arch. de la cure de Draillens.
2. *M. D. G.*, IX.
3. *Acad. Sal.*, t. III.

Filly et des paroisses voisines : Massongy, Messery, Nernier, Yvoire, Excenevex, Sciez et Chavanex [1]. Elle devait fournir, de temps à autre, au comte de ·Savoie d'importants subsides, payer annuellement à l'évêque de Genève une taxe équivalente à 400 francs environ de notre monnaie ; et à la Chambre Apostolique, le demi-décime soit la vingtième partie de son revenu total [2].

A ces dépenses ordinaires, il faut ajouter les pertes causées par les intempéries, la grêle, la gelée ; par la guerre.

De la mort de Pierre *le Petit-Charlemagne* (1268) jusqu'au traité de Lyon du 7 mai 1334, c'est-à-dire pendant trois quarts de siècle, le bas Chablais, théâtre de la lutte entre les comtes de Savoie et les Dauphins, fut dévasté, chaque année, par les armées belligérantes.

Enfin, il fallait, de temps à autre, comme nous le verrons plus loin, soutenir des procès contre les tenanciers récalcitrants ou contre les seigneurs du voisinage.

V. — CONFLITS DE JURIDICTION SPIRITUELLE.

Ce n'est, du reste, pas avec les seigneurs laïques seuls que des conflits surgissaient.

Les chanoines de Montjoux, auxquels la piété de nos évêques ou de nos princes avait concédé, dans le Chablais, de nombreux bénéfices, tels que les églises de Vigny, de Brenthonne et de Meillerie, élevaient encore des prétentions sur celles de Thollon, de Marin,

1. Arch. dép.

2. La somme payée à l'évêque, vers 1310, était de 200 sols, dont la moitié était due pour l'abbaye, et l'autre pour les paroisses annexées ; celle payée à la Chambre Apostolique n'était pas inférieure.

de Lugrin, que réclamait l'évêque du diocèse, Nantelme, et même sur celle de Filly, dont ils avaient peut-être fourni les premiers chanoines. Après de longues contestations, on choisit des arbitres (1191). Les évêques de Maurienne, d'Aoste et de Sion, réunis à Thonon aux abbés de Saint-Maurice et d'Abondance, décidèrent que les églises de Thollon, de Marin et de Meillerie seraient tenues par les chanoines de Montjoux, moyennant une redevance annuelle ; mais que le chapitre de Genève aurait l'église de Lugrin, et que l'abbaye de Filly dépendrait de l'évêque : « *Abbacia de Filly cum omnibus pertinenciis suis Gebennensis episcopi erit in pace in perpetuum* [1]. »

Pour des raisons qui nous sont inconnues, Aymon de Grandson, successeur de Nantelme sur le siège épiscopal de Genève, usant de l'autorité dont il jouissait dans notre abbaye, résolut de substituer aux chanoines réguliers des religieux d'un autre Ordre. Il essaya d'y introduire des *moines noirs « quosdam monachos nigros »*, c'est-à-dire des Bénédictins ; mais les chanoines de Genève, qui possédaient eux aussi quelques droits sur notre couvent, en chassèrent les nouveaux venus [2]. Ce que voyant, l'évêque, par acte du 7 novembre 1223, céda tous ses droits sur Filly à l'abbaye d'Aulps.

Cette dernière abbaye, fondée dans les premières années du xiie siècle, était alors riche et puissante. Elle avait de vastes propriétés dans le Chablais, et possédait même, depuis quelque temps, les dîmes de Filly, dont les nobles frères Humbert et Jacques de Rovorée

1. *M. D. G.*, II, doc. xx.
2. Spon, II, p. 401 et suiv.

lui avaient fait donation [1]. Mais elle appartenait à l'Ordre cistercien.

Peu soucieux probablement d'échanger leur règle si douce contre une autre fort sévère, les moines de Filly ne se prêtèrent point à cette substitution. Le 2 juin de l'année suivante (1224), s'étant réunis capitulairement sous la présidence du prieur, Boson, ils déclarent se soumettre entièrement, eux et leur église, à l'abbaye bénédictine d'Ainay, en réservant toutefois les droits de l'évêque et du chapitre et en stipulant que si l'un des chanoines voulait garder l'habit canonial, on lui servirait une pension viagère [2].

Ces divers projets d'union n'aboutirent pas; les chanoines de Filly continuèrent de suivre la règle de Saint Augustin. Nous en avons la preuve dans l'acte suivant.

Le chapitre de Genève, s'appuyant sur des titres authentiques, affirmait avoir le droit de visiter les religieux de Filly, de les corriger au besoin, d'exiger d'eux fidélité et obéissance, enfin d'intervenir dans leurs élections : ce que ceux-ci niaient. Après bien des disputes, les deux parties remirent la décision du litige à l'archevêque de Vienne. Ce dernier, non sans avoir pris conseil de l'évêque de Genève et de plusieurs personnages, décida qu'en cas de vacance, le couvent de Filly devrait, huit jours à l'avance, notifier par écrit au chapitre le moment fixé pour l'élection de l'abbé et désigner dans le chapitre de Genève deux chanoines

---

1. *Inventaire inédit de l'Abbaye d'Aulps,* n°ˢ 823 et 824. Nous avons la bonne fortune de posséder une copie intégrale de ce vaste et richissime recueil, dont nous avons déjà remis de nombreux extraits à nos confrères, notamment ceux relatifs à l'abbaye d'Abondance ; et, pour la facilité des recherches, nous avons numéroté les actes : c'est à ces numéros que nous renvoyons. La donation des dîmes de Filly doit être de l'an 1200 environ.

2. *M. D. G.,* XIV, n° 27.

qui concourront à l'élection et y auront quatre voix. Mais ceux-ci seront tenus de porter leurs suffrages sur un religieux de Filly, s'il s'en trouve de capable; à défaut, sur un *religieux de l'Ordre de Saint-Augustin*. De leur côté, les chanoines de Filly, *qui sont de cet Ordre*, ne pourront changer de règle sans le consentement du chapitre de Genève (1er septembre 1258) [1].

VI. — Succession des abbés.

Vullierme soit Guillaume I" (1233-1251).

Vullierme, le premier abbé de Filly dont le nom soit connu, scelle de son sceau diverses chartes en faveur de l'abbaye d'Aulps, dans les années 1233 [2], 1238, 1242, 1243, 1244, 1245 et 1251 [3]. En 1237, il appose également son sceau à une vente faite en faveur de l'abbaye d'Abondance par Béatrix de Greysier, veuve d'Henri Ier d'Allinge [4]. L'année suivante, agissant en qualité de délégué du Saint-Siège, il condamne noble Anselme de Lugrin à céder à l'abbaye d'Aulps la contamine de la Genevraz sous Amphion ainsi qu'une vigne à Vongy; et Pierre Veluz, d'Allinge, à lui remettre la dîme qu'elle avait à Lully [5]. En mai 1242, il prononce une sentence arbitrale entre la même abbaye et les nobles frères de Ballaison [6].

---

1. *M. D. G.*, XIV, n° 60.

2. Tavernier, *Les Gets*, dans *Acad. Sal.*, IX, p. 229.

3. *Invent. inédit*, n°⁵ 178, 345, 406, 431, 492, 556, 706, 861, 899 et 905. Dans le troisième numéro que nous venons de citer, l'*Inventaire* signale un vidimus fait par l'abbé Vullierme, en 1201 : cette date est erronée, puisqu'on y vise une donation de 1233 et qu'on y voit intervenir l'évêque Aimon de Grandson, lequel monta sur le siège épiscopal en 1215. Nous proposons de lire : 1251.

4. Besson, *Mémoires*, p. 98.

5. *Inventaire* cité, n°⁵ 860 et 918.

6. *Ibid.*, n° 801.

Henri (1258-1260).

L'Inventaire d'Aulps nous mentionne un Henri, abbé de Filly, qui, en avril 1260, apposa son scel à une donation faite par Pierre de Boëge (nº 1787). — C'est sans doute lui qui acheta de noble Jean de Rovorée l'abergement de *Marignens,* paroisse de Sciez. La vente fut faite pour le prix de 160 livres gen. dont Jean de Rovorée passa quittance le 31 mars 1258 [1].

Guillaume II (1260-1268).

Du temps de l'abbé Henri, certaines difficultés s'étaient élevées, à l'occasion des dîmes, entre l'abbaye de Filly, qui possédait la cure de Sciez et la chapelle de Chavanex, d'une part, et le curé de Margencel d'autre part. On finit par s'en remettre à l'arbitrage du chapitre de Genève. Celui-ci, après mûre délibération, assigna pour limites aux deux paroisses : le gué de Bez, la fontaine de Pullie, le chêne de Pullie soit de Jouvernay et le chemin reliant Reynier à Essert par la Gotalla, entre Vuxi et Minua jusqu'à Wes — le territoire de Vuxi étant attribué à Chavanay — et décida que l'église de Margencel percevrait la dîme sur dix poses de terre qui lui seraient assignées à Chavanie ou ailleurs (27 août 1261) [2].

L'abbé de Filly, qui intervint dans cet acte, n'y est pas nommé. Mais c'est évidemment l'abbé Guillaume que nous voyons assister, en juin 1260, à la vente de

1. *M. D. G.,* XV, nº 16. Il s'agit de la Tour de Marignens.
2. *Ibid.,* XIV, nº 67. Vuxi, peut-être Unxi. Au siècle dernier, on appelait dîmerie d'Once la dîmerie comprise entre le Foron au sud et le chemin tendant de Choisy à Chavanex au nord.

cinq coupes annuelles de froment faite à l'abbaye
d'Aulps par N^e P. de Jussier, Ambroisie, sa femme, et
Bose, son frère (*Inv.*); et, le 17 octobre 1262, au testament
d'Agnès de Faucigny [1]. Par acte du 4 février 1267, ce
même Guillaume, de concert avec les prieurs du Re-
posoir et de Pômiers, termine un différend entre la
chartreuse d'Oujon et les habitants de Begnin, au pays
de Vaud [2]. Enfin, le 16 mars de l'année suivante, lui
et son couvent sont mis en possession de la terre ap-
lée la Comba, que Guillaume de Prangins leur avait
léguée [3].

Pierre (1268-1278).

Pierre, abbé de Filly, délivre en août 1268, le vidimus d'une donation de terres au Biot faite en faveur de
l'abbaye d'Aulps [4]. Le 21 mai 1271, il passe avec Guy
de Bursinel, au sujet de biens délaissés par Jean dit le
Saiz, clerc, une transaction d'après laquelle ces biens,
situés à Bursinel (Vaud), appartiendront au couvent
de Filly, moyennant la somme de 40 sols gen. [5]. En
1275, Pierre est témoin d'une donation faite à la
même abbaye d'Aulps par Jean Sachiz, de Féterne.
L'année suivante (mars 1276), conjointement avec les
abbés de Saint-Maurice et d'Abondance, il scelle le
vidimus de la vente que Pierre de Savoie avait faite
à l'abbaye d'Aulps, l'an 1266, de la juridiction sur les
hommes d'Essert-Romand, de la Côte-d'Arbroz, des
Gets, de Mégevette, de Poche et de Saxel. Enfin, le

---

1. GUICHENON, *Savoie*, III, p. 79.
2. Reg. gen., n° 1010.
3. Ibid., n° 1026 *bis*.
4. *Invent. inédit*, n° 187.
5. Reg. gen., n° 1071 *bis*.

13 janvier 1278, il est encore présent à une autre donation en faveur de la même par Aimé, damoiseau de Lully [1].

Jean Guichard (1280-1283).

Est témoin de donations faites à l'abbaye d'Aulps, le 5 décembre 1280, les 14 janvier 1282 et 14 mars 1283 [2].

Guillaume III Malassena dit Martin (1289-1297).

En 1289, l'abbé de Filly, Guillaume, et l'abbé de Sixt, Humbert, scellent un vidimus des donations faites à l'abbaye d'Aulps par les comtes Humbert et Thomas de Savoie [3]. Le 1er février de cette même année, Guillaume termina les difficultés qu'Alard d'Allinge, damoiseau, suscitait à l'abbaye de Filly pour le payement des 4 setiers de vin qu'avaient légués à celleci son père, Jacques d'Allinge, et consorts. Par cet acte, stipulé aux Allinges (Jacques de Vandœuvre, notaire), en présence du curé du lieu et de Reymond, abbé d'Abondance, Alard promet d'exécuter fidèlement la volonté paternelle [4].

Le 25 juin 1290, Jean Ruphus de Sciez, — l'un des membres, je pense, de la famille noble de Sciez — reconnaît devoir hommage et fidélité à l'église Sainte-Marie de Filly, dont Martin est abbé. Cet hommage devra, après la mort du dit Jean, être prêté par son fils aîné ; et le droit de mutation, à chaque nouvel hommage, sera de 3 sous genevois. Le même confesse tenir en fief

---

1. *Invent. inédit*, n°˙ 407, 464 et 866.
2. *Ibid.*, n°˙ 193, 440 et 499.
3. *Ibid.*, n° 405. On trouve, au n° 96, un vidimus du même acte signé par les mêmes abbés, en 1315. Il doit y avoir double emploi.
4. *M. D. G.*, XIV, n° 210.

de la dite église de Filly une pose de terre située devant sa maison, pour laquelle pose il paye 5 sous de cens à Rodolphe de Chissé. Parmi les témoins de cette reconnaissance, se trouvent deux chanoines de Filly, savoir Guillaume de Concise et Thomas de Féterne ; Falcon de Sciez, métral et P. Ruschon, de Massongy [1].

Quelques années plus tard, le même abbé soutint un long procès contre la famille d'Allinge. Béatrix de Greysier, veuve d'Henri Ier d'Allinge, ayant, en échange de certains biens situés plus à l'est, obtenu de l'abbaye de Saint-Maurice la forêt de *Coudrée,* avec le manoir adjacent, alors appelé de Forons (29 novembre 1245), Béatrix, dis-je, était venue s'y établir avec ses enfants Guillaume et Hugues. Le voisinage des deux maisons, l'enchevêtrement des fiefs devaient amener des conflits.

En 1295 et 1296, l'abbé Martin porte plainte, pardevant le juge du Chablais, Pierre Bailly d'abord, puis Gédéon d'Aiguebelle, contre Guillaume d'Allinge. Ce dernier, selon lui, occupait indûment le bois du Verneis de Mare, une autre pièce de terre au-dessous de la route de Thonon sur laquelle s'élevaient deux moulins et une troisième pièce située sous Bonatreyt, à côté des prés de Bonatreyt et d'un noyer appelé Coudrée. Enfin, Pierre, enfant défunt de Guillaume, suivi de quelques compagnons (A. Mermet de Messery, clerc, Reymond de Sciez, Vulliquin Mareschal, les enfants de Nicollet de Gissie soit Jussy, etc.), avait un jour attaqué la grange du Sablon [2], qui appartenait au monastère, mis le feu aux portes et commis des dégâts pour

---

1. *M. D. G.,* n° 220.
2. Cette grange se trouvait entre le village et l'abbaye de Filly.

la valeur de 10 livres genevoises. Gédéon d'Aiguebelle, par sentence du 3o janvier 1297, condamne le seigneur de Coudrée à restituer les deux champs avec les fruits perçus pendant les trois dernières années, et remet à plus tard, à la demande du comte de Savoie, le jugement des autres griefs [1].

Amédée (1306-1317).

Au mois de mai 1306, l'abbé de Filly est député par le comte de Savoie, Amédée V, auprès de Guillaume de Joinville, seigneur de Gex, pour lui enjoindre, en vertu de la trève conclue quelque temps auparavant, de lever le siège du château de Marval [2]. L'abbé, dont il est question dans cette charte, doit être Amédée que nous voyons assister, en février 1308, au partage des enfants de noble Girod de Rovorée, de Draillant [3].

Le même soutint un long procès contre Raymond, fils de Guillaume d'Allinge. Prétendant posséder la juridiction omnimode dans le territoire compris entre le Rizon et Pontbon, il voulait faire enlever les fourches patibulaires que le seigneur de Coudrée avait érigées dans ces limites. P. de Billens, juge du Chablais en 1309, et, son successeur, Berlio de la Mar, en 1316, donnèrent gain de cause à l'abbé de Filly ; mais Reymond d'Allinge interjeta appel. Nous ne connaissons pas la sentence définitive [4].

Le procès avec Raymond d'Allinge durait encore

1. Archives départementales.
2. *M. D. G.*, IX, p. 212-216.
3. *Invent. inédit*, n° 1858.

4. Arch. dép. Le cours d'eau appelé Rizon se nomme aujourd'hui Redon. Les fourches avaient été érigées près du moulin d'Excuchefatta, qui appartenait à l'abbaye.

que les religieux de Filly se virent obligés d'en intenter un autre contre certains habitants de Filly, savoir les frères Etienne et Mathieu Pouget, Etienne Mutilly, Humbert et Perissod ses fils, Etienne Eschavant, Anselme Favre, Jean du Bourg, Mathieu Testa, Humbert, Anserme et Pierre Michy. Ceux-ci tenaient en fief de l'abbaye des terres dont ils refusaient depuis trois ans de payer la redevance. Conséquemment, en vertu de la loi féodale, ces biens tombaient en *commise,* c'est-à-dire qu'ils revenaient de droit au monastère. Cités à la requête du chanoine, Aymon de Balleyson, et de Nicolas de Ravorée, clerc, procureurs de l'abbé Amédée et des religieux, les défenseurs, par sentence donnée à Thonon le vendredi avant le dimanche des Brandons, soit le 11 février 1312, furent condamnés à payer, et, pour garantie, le couvent fut mis en possession provisoire des terres contestées [1].

La dernière fois qu'apparaît l'abbé Amédée, c'est le 1er mai 1316. Voici à quelle occasion :

Le couvent de Filly, d'après un ancien usage, devait donner, chaque année, le jour de l'Ascension, un repas au Chapitre et aux clercs du chœur de l'église Saint-Pierre de Genève. Le nombre des chanoines et des clercs grandissant en même temps que le prix des vivres, les religieux de Filly présentèrent quelques observations. Après de longues discussions, par une transaction qui les honore, les deux parties établirent

---

1. Arch. dép. Ces terres étaient situées à la Ravine, à Maxilinge, aux marais de Belnoyer, à Pissilou, le long du chemin conduisant à Excuchefatta, à la Léchère, au Grand-Seillon, en Jaugin soit au Petit Pontet, aux Plantées, etc. Le cens annuel dû pour ces pièces était : 5 pains, 1 coupe de froment, 2 chapons, 2 gerbes, 4 sols, 3 deniers et 1 obole gen. — La Ravine est au-dessus de Marignens ; Masselinge entre Prailles et Filly ; les autres lieux-dits autour de l'abbaye.

juge du différend le chantre même de la cathédrale, Nicolas, et trois de ses collègues, savoir Etienne de Compeys, Pierre Bailly et G. de Veramolin (acte passé à Genève, 12 mars 1316). Les arbitres décidèrent que les religieux de Filly payeraient au Chapitre la somme de onze livres genevoises pour l'année écoulée et qu'à l'avenir, en versant, chaque année, la même somme, ils seraient exempts du repas. Cette sentence, rendue, le 1ᵉʳ mai, en pleine assemblée capitulaire en présence de Rᵈ Amédée, abbé de Filly, de vén. Boccard de Chessez, chanoine et procureur du même couvent, de Guillaume de Chissé, leur collègue et curé de Sciez, fut approuvée, séance tenante, par les intéressés et signée par Nᵉ Reymond de Ravorée, damoiseau, et par Jean de Cursinge, clerc de l'abbé de Filly [1].

Jean (1321-1329 env.).

Reçut, en 1323, la visite de l'évêque de Genève, Pierre de Faucigny. Ils assistèrent tous deux, le jour de Pentecôte, au contrat de mariage passé dans l'abbaye même entre Humbert d'Ognions, damoiseau, de Massongy, et demoiselle Nicolette Pinard, de Ballaison [2].

Dans les premières années de l'administration de cet abbé, les chanoines de Filly avaient acquis divers droits à Marclaz d'Etienne de Monts dit de Mollons, damoiseau. Jean Gentil, du même lieu, sa femme Agnès et Martinod leur fils, moyennant la somme de 6 livres et 10 sous genevois, avaient vendu aux mêmes, soit à dom Borcard, stipulant en leur nom, le cens de

<hr>

1. *M. D. G.*, XVIII, n° 13.
2. Note communiquée par M. de Foras.

4 coupes de froment, mesure de Thonon, à prendre, chaque année, sur deux poses de terre situées à Marclaz le long du chemin qui conduit à Chersier, plus tous leurs droits sur les terrages des de Monts dont ils possédaient la moitié. Acte passé sur le cimetière de Marclaz, le 26 juin 1322, par Jean Sylvestre de Marignens. Mais, le 25 mai 1329, en présence du même notaire, l'abbé Jean et ses religieux, capitulairement assemblés, savoir Borcard de Chessez, Girard de Cervens, Vullierme de Talloires, Aymon de Ravorée, François de Seyssel, Etienne du Crest, Jean d'Aulps, Perret de Gresier et Jean de Thonon, rétrocédèrent tous ces droits, acquis à Marclaz soit des de Monts soit des Gentil, à Rodolphe de Jussy et à Perrette, sa femme, pour le prix de 40 livres genevoises. Etaient présents : Etienne Nivel, Portier de Filly, Jaques de Chessez et Perret Fabri de Jouvernay [1].

Aymon de Balleyson (1332, etc.).

Déjà chanoine de Filly en 1312, Aymon de Balleyson ne fut élevé, paraît-il, à la dignité abbatiale qu'en 1332. En effet, le 7 décembre de cette année, il se rend à Genève, et là, entre les mains des chanoines Et. de Contamines, H. des Balmes, Guillaume de Saint-Cergues, G. Tavel, etc., il promet sujétion, obéissance et respect perpétuel au siège épiscopal de Genève [2].

Nicolas *aliàs* Nicod (1342-1355).

Le successeur d'Aymon fut Nicolas ou Nicod.

---

1. Voir doc. n°° 2 et 3.
2. *M. D. G.*, XVIII, n° 81.

Celui-ci est connu surtout par ses démêlés avec la maison d'Allinge.

Henri III d'Allinge venait d'acheter du comte Aymon de Savoie (13 mars 1343) la juridiction que ce prince possédait dans le mandement de Coudrée, soit entre le nant de Pontbon au sud, le Vion à l'ouest, le Rizon au nord et une ligne allant du Rizon à la source du Pontbon par le chênet de Jovernay, la Gotteta et le ruisseau de Brisset [1]. Les hommes du comte et ceux de l'abbaye de Filly étaient exceptés de cette vente, il est vrai ; mais le seigneur de Coudrée n'en acquérait pas moins sur l'abbaye une prépondérance que celle-ci n'accepta pas volontiers.

Dans l'automne de 1344, un étranger ayant commis certains méfaits dans le monastère de Filly, l'abbé le fit incarcérer. Henri d'Allinge porta plainte auprès de Louis de Savoie, baron de Vaud et tuteur du jeune Amédée VI, lequel renvoya l'affaire devant le juge de Chablais, Jean Ravaisii, le procureur Balbi et le châtelain d'Allinge, soit son fils Conrard de Châtillon (25 novembre 1344). Ce tribunal, après avoir examiné la convention passée vingt mois plus tôt avec le

1. Voici comment sont exprimées dans la charte suivante les limites de la juridiction concédée au sire de Coudrée : « *In mandamento castri sui de Coudree et in villis et locis quibuscumque sitis a nanto de ponbons vocato ex parte venti usque ad aquam de rizon a parte boree et a parte superiori a chayneto de Jovernay inferiori usque ad aquam vocatam vion prope lacum et a dicta aqua de rizon tendendo ex traverso versus dictum chaynetum et a dicto chayneto versus gotetam de subtus brecurens tendendo versus nantum de brisset versus nantum de ponbons descendendo inferius lo vion et usque ad medium lacum pertinet et pertinere debet tam ex transactione et compositione olim factis inter inclite recordationis et bone memorie dominum suum dominum Aymonem comitem Sabaudie et ipsum Henricum quam ex aliis justis causis, exceptis duntaxat hominibus propriis prefati dni Comitis Sabaudie et monasterii Filliaci.* » Le ruisseau de Pontbon, en patois *Panbon*, servait alors de limite entre Sciez et Massongy. La Gotteta doit être le ruisseau des Tattes et le Brisset, celui du Bouchet qui, se réunissant au *Vire*, près des moulins d'Essert, prend dès lors le nom de Foron.

comte défunt de Savoie, condamna l'abbé (10 décembre) qui, prévenant du reste la sentence, avait livré le coupable entre les mains du châtelain d'Allinge [1].

L'année suivante, ce fut le chapitre de Filly qui traduisit le sire de Coudrée devant la justice. Ce dernier ne payait pas au couvent les 15 sols de cens qu'avait légués *pour son anniversaire P. d'Allinge, son grand-*oncle ; il avait acheté de Perret Anthie, de Filly, le cens annuel de deux coupes de froment qui étaient assignées sur des terres dépendant de l'abbaye ; il détenait injustement le coffre d'une pauvre femme, Huguette Destraz, sujette du monastère ; ses missiliers soit gardes et ses hommes de Massongy avaient saisi les montures de plusieurs feudataires de Filly, notamment celle d'un Perret, des Combes ; enfin, ses familiers avaient envahi de nuit, avec effraction, l'*hospice* soit héberge que les taillables de l'abbaye possédaient à Jussy.

Après de longues discussions, les parties remirent la décision des différends à un arbitrage. Le couvent choisit Boson Pinard, de Ballaison, et le seigneur de Coudrée, Mermet de Regnens, damoiseau, auxquels ils adjoignirent Mermet de la Motte. Ceux-ci, réunis dans le cloître, en l'assistance des chanoines et de nombreux témoins, prononcèrent, le 26 juillet 1345, la sentence suivante : Henri d'Allinge restituera le coffre ; de plus, en exécution du legs de son grand-oncle, il assignera aux chanoines sur son alleu le revenu de 12 sols gen., mais il sera quitte pour le reste. Etaient présents, outre l'abbé Nicolas, les chanoines Reymond

---

1. Archives de M. Amédée de Foras. Au bas de la charte, qui contient ces différents actes, pend le sceau de la judicature de Chablais.

d'Hermance, Girard de Cervens [1], Aymon de Rovorée, Vullierme de Talloires, François de Seyssel, Anselme Desportes de Genève, Guigues du Bourget, Humbert d'Anières, Pierre du Veigeret, Jean de Bonne, Jacques de Villy et Jean d'Aulps. Parmi les témoins figurent nobles Amédée d'Allinge, Jean et Mermet de Lucinge, Jean de Rignens, dom François du Châtel de Ballaison, prêtre. L'acte fut dressé par Jean-Silvestre de Marignens [2].

Deux ans plus tard, nouveau conflit. Une femme, nommée Félicie Mallet, fille de Pierre Mallet, de Marsegliz-sur-Nernier, accusée d'avoir volé un bréviaire dans l'église de Filly, « *infra ecclesiam abbacie* », fut appréhendée à Thonon par le châtelain du lieu et conduite aux prisons de la ville. Le seigneur de Coudrée et l'abbé Nicolas, chacun de leur côté, demandèrent que cette femme leur fut livrée afin d'en faire justice. Cette fois encore le seigneur l'emporta. L'accusée étant morte pendant l'instruction du procès, il fut décidé qu'on remettrait son *effigie* aux officiers de Coudrée (12 novembre 1347), ce qui fut solennellement exécuté le surlendemain. Le métral de Coudrée, Mermet Estrey, placé sur la limite des deux châtellenies, soit au milieu du cours du Rizon, reçut l'effigie des mains de Jaquemet Dupraz, bourgeois de Thonon et familier de la cour d'Allinge. Cette formalité rem-

---

1. Le 11 février 1361, Vullielme de Cervens, chanoine d'Abondance, Richard fils d'Aymonet de Cervens, Jean feu Et. de Cervens, damoiseaux, coseigneurs de Cursinge, sont présents à la vente que Jean Mugrin de Perrigny fait à N⁵ Guy de Ravorée, chevalier, de la moitié d'un moulin et du chosal des battoirs situés à Perrigny sur le Redon et sur lesquels 6 sols de cense étaient dus à l'abbaye de Filly. (Arch. dép.)

2. Voir doc. n° 4.

plie, Henri d'Allinge fit examiner l'affaire. Le vol était prouvé ; il était de plus fort grave [1] et doublé d'un sacrilège. D'après la législation de l'époque, la coupable était passible de la peine de mort et devait être noyée. En conséquence, le 25 novembre, le seigneur de Coudrée fit noyer l'effigie de Félicie Mallet dans les eaux du Foron, à quelques mètres en aval du pont. Une foule immense était accourue à ce singulier spectacle. On y remarquait les nobles frères de Langin, Jean, Aymonet et Mermet ; Mermet de Rugnens, damoiseau ; Perronet Botollier, de Sciez ; Rolet Foudrauz, de Veigy ; Mermet, fils de Nicod Desbois ; Perronet du Champ et Jean son fils ; Jean Mellyt, de Glandon ; Nicolet, barbier de Bonatrey ; Mermet Chapuis, Jean et Nicolet Lunanery, Girod Croset, de Levringe ; Henri, fils de Reymond de Jussy, clerc ; Anserme de Chavagnier et Jeannot son cousin ; Henri et Anserme Vyunet, Mermet Clerc, de Choisy ; Berthet Mugnier avec ses fils Bosonet, Pierre et Hugonet ; Girardet, fils de Girard de Bredillon ; Pierre Borgey, de Sur-l'Eglise de Sciez ; Hugonet Trotier ; Rollet Michallat, de Sciez, etc., etc. De tout quoi le notaire Perronet Barbier, de Thonon, dressa un acte authentique [2].

Un peu plus tard (1368), un autre procès éclata entre l'abbaye et Guigonne de Saint-Jeoire, veuve d'Henri d'Allinge, au sujet de certains meubles que

1. Un bréviaire manuscrit, surtout s'il était enrichi d'enluminures, avait une valeur considérable. Le 20 janvier 1330, J. de Leysier vend 60 sols maurisois à Guillaume d'Ayent, clerc, un bréviaire légué à son fils, Berthet de Leysier, par un curé d'Ayent ; et il donne deux vignes à ce fils en échange du dit bréviaire. (*M. S. romande*, XXXI, n° 1577.)

2. Voir doc. n° 5. Ce document, avec plusieurs autres, nous a été très obligeamment communiqué par M. le comte Amédée de Foras, auquel nous sommes heureux de témoigner ici notre reconnaissance.

celle-ci avait fait enlever de la maison d'un nommé George de la Combe. (Arch. Thuiset.)

Pendant que les chanoines de Filly disputent à la maison d'Allinge la juridiction sur le mandement de Coudrée, divers bienfaiteurs continuent à les enrichir de leurs donations. C'est ainsi qu'en 1345, noble Jacques de Compeys leur lègue tous les biens qu'il possède de la Dranse à l'Arve [1] ; et que, peu de temps après (2 octobre 1352), un Nicod Dumont, ancien familier de Filly, cède tous ses biens à l'abbé Nicolas, à la condition d'être entrenu sa vie durant [2].

Vers la même époque (14 décembre 1361), nous voyons un chanoine de Filly, Vᶜ Jean d'Aulps soit de Ravorée céder à noble Mermet d'Aulps, son neveu, tous ses droits sur l'hoirie de demoiselle Mermette de la Motte. En retour, ce neveu fait à son oncle une pension annuelle de 4 livres sur ses revenus de la vallée d'Aulps [3].

Après Nicolas, qui vivait encore en 1355, suivant Besson, le siège abbatial fut occupé par

Jacques de Villy ou de Villier (1376, etc.).

Ce dernier figure parmi les chanoines de Filly dès l'an 1345. Nous n'avons pas de renseignements sur son administration.

Guillaume de Lugrin (1390-1411).

Déjà abbé en 1391, il accompagna, de Thonon à

---

1. Costa, *Les Compeys,* au tableau généal.
2. Voir doc. n° 4.
3. *Invent. inédit,* nᵒˢ 1555 et 1593. Vers ce temps, le chanoine P. de Balleyson apparaît comme témoin dans diverses chartes.

Hautecombe, dans les premiers jours de novembre de cette année, les restes mortels du *Comte Rouge,* Amédée VII, décédé le jour de la Toussaint à Ripaille, des suites d'une chute dans la forêt de Lonnes. Dans le cortège, on remarquait le patriarche de Jérusalem, l'évêque de Maurienne, les abbés d'Aulps et de Filly, plusieurs nobles barons ou chevaliers avec une foule d'ecclésiastiques et de paysans.

Treize ans plus tard (27 juin 1404), il obtint du juge du Chablais, Henri de Flon, une sentence qui lui adjugeait l'hoirie d'un Martin Velliet, mort sans enfants, contre la veuve de ce Martin, domiciliée à la villa d'Allinge, et contre Mermet Velliet, de Jovernay, qui prétendait que la maison avait été simplement albergée au défunt et se mouvait du fief d'Abondance. A la suite de ce jugement, le châtelain d'Allinge fit mettre l'abbé en possession de l'hoirie [1].

On voit enfin ce même personnage assister, à Genève, en 1409, à la prise de possession de l'évêque de Bertrands [2].

Les vertus et les mérites de Guillaume de Lugrin lui valurent l'honneur d'être appelé par les chanoines d'Abondance à gouverner leur insigne Congrégation. Elu le 1er novembre 1411, il en était encore abbé vingt ans plus tard. On conserve dans la sacristie de l'église d'Abondance un calice en or, sur le pied duquel sont gravés ces mots en lettres gothiques : *G. de Lugrino, abbas Abundancie.*

1. Arch. dép.
2. SPON, II, p. 125.

*
* *

XV· SIÈCLE.

Nous avons parcouru trois siècles et plus de l'exis-
tence du monastère de Filly, sans rencontrer une
seule tache, un seul fait incorrect.

Nous sommes donc autorisés à dire que, demeurés
fidèles à leur sainte règle, les chanoines de Filly ne
cessèrent, durant cette longue période, d'édifier les
populations du Chablais par le spectacle de leurs vertus. Mais, hélas ! tout décline en ce monde. Le termite
finit par s'attaquer au bois le plus dur ; la rouille, à
l'acier le mieux trempé, et l'abus, aux institutions les
meilleures.

Après avoir fourni de nombreuses générations de
fervents religieux, des saints même, comme Jean d'A-
bondance ou Ponce de Faucigny, la congrégation savoisienne des chanoines réguliers de Saint-Augustin
subit cette loi fatale. Diverses causes y aidèrent puis-
samment : d'abord la prospérité matérielle toujours
grandissante ; le schisme lamentable qui, pendant près
de trois quarts de siècle (1378-1449), désola l'Eglise de
Jésus-Christ ; enfin la *commende,* qui fut, au XVe siècle, la peste de nos maisons religieuses.

Le pape, à la demande du prince, conférait l'administration temporelle d'un prieuré, d'une abbaye à certains personnages ecclésiastiques déjà investis d'autres
bénéfices, parfois à de simples clercs, voire à des laïques. Ces princes ou abbés nominaux, désignés sous
le nom de commendataires, ne s'occupaient généralement, que pour en palper les revenus, de ces maisons

où le désordre et l'indiscipline ne tardaient pas à s'installer. Il n'en fut pas autrement à Filly.

*
* *

A Guillaume de Lugrin, devenu abbé d'Abondance, succéda

Berthet de Cherrières ou Chevrier [1] (1411-1425).

Celui-ci dirigeait depuis deux ans le monastère, lorsqu'il reçut la visite canonique de l'évêque du diocèse, Jean de Bertrands.

Le 6 juin 1413, le vénérable prélat arrivait à Filly, après avoir visité, la veille, la paroisse de Sciez, qui comptait alors 120 feux avec Chavanex, sa filleule, et dont le curé, un digne prêtre, se nommait Henri Passavant. Il y trouva l'abbé dont il constate la bonne administration, « *bonus administrator* », et six chanoines prêtres, parmi lesquels un Pierre Similly avec un novice. L'église était desservie, suivant l'usage, par le sacristain du monastère, qui avait nom Pierre Perronnet ; elle était paroissiale. Toutefois les habitants de Filly devaient porter leurs nouveaux-nés à l'église de Sciez afin d'y recevoir le baptême. La paroisse d'Excenevex, visitée trois jours auparavant, était également administrée par un chanoine de Filly, Jean de Baud, dont la vie était irréprochable, « *bone vite* » [2].

Dans l'automne de 1415, nous voyons le même abbé (Berthet de Cheveriis) revêtu du titre de vicaire-général de l'évêque de Sion, Guillaume de Rarogne, suivre en

---

1. Il est appelé *Humbertus Chorirey* en 1413, *Berthetus de Cheveriis* en 1415, et plus tard *Berthetus de Cherreriis*.
2. Arch. de Genève.

cette qualité l'armée savoisienne qui venait pour soumettre les hauts Valaisans révoltés [1].

Il paraît avoir dirigé l'abbaye jusqu'en 1425.

Un Berthet de Cherreriis devint abbé d'Aulps l'année suivante. Ne serait-ce pas le même personnage qui, voyant la décadence envahir sa congrégation, aurait embrassé la règle plus parfaite de Cîteaux ? Tout nous porte à le croire.

François Ducrest (1425-1433).

François Ducrest qui lui succéda « était, nous dit M. Mercier, issu probablement d'une ancienne famille noble de Cruseilles, dont une des branches s'établit plus tard à Evian ». Cette origine expliquerait la faveur que lui témoignait le célèbre Amédée VIII dont il fut le conseiller.

Nous le voyons, le 13 septembre 1425, assister, avec Jean d'Arces, prévôt de Montjoux, à la sentence arbitrale prononcée à Thonon par le duc entre l'abbé et les habitants d'Abondance [2].

Il est témoin du compromis que le même prince passe, à Genève, avec les évêques de ses Etats relativement à leur juridiction respective (6 juin 1430) [3], et du traité définitif conclu entre les mêmes au château de Thonon (16 janvier 1432) [4].

Le 9 août 1431, à Chambéry, F. Ducrest est présent au contrat de mariage entre Amédée, prince de Piémont, mort peu après, et la fameuse Anne de Chy-

---

1. BOCCARD, *Hist. du Valais*, p. 105.
2. M. MERCIER, *L'Abbaye d'Abondance*, p. 326.
3. GUICHENON, *Savoie*, I. page 469.
4. BESSON, *Mémoires*, p. 464.

pre [1]. L'année suivante, il est commis par le Saint-Siège, avec les évêques d'Aoste et de Maurienne, pour autoriser un échange qui se négociait entre le duc et l'évêque de Genève [2]. Enfin, le 31 août de cette même année 1432, il assiste, avec le prévôt de Montjoux déjà nommé, au mariage qui fut célébré, dans le château de Thonon, entre Marguerite de Savoie, fille d'Amédée VIII, et Louis d'Anjou, roi de Sicile et de Jérusalem [3].

Les grandes qualités de François Ducrest lui valurent l'honneur d'être appelé au siège abbatial d'Abondance, qu'il occupa près de vingt-cinq ans (1434-1459), et d'être nommé par le concile de Bâle gardien du conclave qui élut l'antipape Félix V. Au jugement du célèbre Æneas Sylvius, qui le rencontra dans ce synode, l'abbé d'Abondance n'était pas moins riche en science et en vertus qu'en biens temporels, « *tam scientia et virtutibus quam temporalibus bonis* ABUNDANS » [4].

Abbés commendataires.

Au départ de l'abbé F. Ducrest, l'administration de Filly fut confiée à des abbés commendataires soit à des personnages le plus souvent étrangers qui, possédant déjà d'autres bénéfices, ne vinrent point résider au couvent. En voici la liste à peu près complète [5] :

---

1. GUICHENON, I, p. 498.
2. BESSON, p. 299.
3. GUICHENON, III, p. 346.
4. Voir l'*Amedeus Pacificus* du P. Monod, p. 86, Suivant Grillet, l'abbaye de Filly entra, au xiie siècle, dans la congrégation de N.-D. d'Abondance ; les échanges multiples d'abbés, que nous constatons, au xve siècle, entre Abondance et Filly, Filly et Sixt, donnent quelque vraisemblance à cette affirmation, dont nous n'avons cependant vu nulle part la preuve.
5. A moins d'indication contraire, tout ce que j'avancerai désormais est appuyé sur les Registres de l'évêché d'Annecy.

Pierre Robini (1434).

Le premier, était évêque *in partibus* d'Hippone. Des membres de cette famille, d'origine évidemment italienne, demeuraient à Genève, près de l'église de la Madelaine [1].

Louis (1442-1448).

Etait évêque de Viseu, en Portugal ; fut ensuite cardinal du titre de Sainte-Croix [2]. Au concile de Bâle, il donna son suffrage au duc Amédée VIII, qui devint l'antipape Félix V, fit partie de la députation chargée de porter au prince la nouvelle de son élection et reçut en récompense l'abbaye de Filly, puis le chapeau de cardinal (6 avril 1444). Il suivit Félix dans ses diverses pérégrinations.

Henri d'Alibertis (1452-1460 env.).

Ne paraît pas avoir séjourné davantage à Filly. Nous le rencontrons tantôt dans le diocèse de Lausanne, accompagnant le coadjuteur F. de Fuste, évêque de Grenade, dans la visite des paroisses (été de 1453) ; tantôt à Genève (24 avril 1456) ; tantôt dans la capitale du Piémont (10 octobre 1458), assistant au contrat de mariage entre Louis de Savoie et Charlotte, fille de Jean, roi de Chypre, et d'Hélène Paléologue [3]. Il était en

---

1. Sur la fin de son administration, cet abbé soutint, en cour de Rome, contre l'abbaye d'Aulps, un procès dont la cause n'est pas clairement indiquée. (*Inv.* n° 1379.)

2. Dans le *Déclaratoire des Servis* (I. p. 694), aux Archives départementales, il est fait mention de reconnaissance en faveur de Louis, cardinal de Sainte-Croix, abbé de Filly ès-années 1447 et suiv.

3. GUICHENON, I, p. 537.

même temps abbé de Sixt (1456-1460), et, suivant Besson, chargé de l'administration du diocèse de Verceil sous la dignité et le nom d'évêque d'Athènes.

Le prieur de Filly, à cette époque, était R^d Jacques Mathieu. Notre abbaye ayant vendu à celle d'Aulps la cense annuelle de 15 sous qui lui étaient dus par certains hommes de Gy (Biot), R^d Mathieu, en la qualité susdite, par acte du 30 décembre 1455, réduisit le prix de la vente, qui n'est pas désigné, au capital de 55 florins [1].

Jean de Compeys (1463-1469).

Fut simultanément, comme son prédécesseur, abbé de Sixt et de Filly. Il possédait également les abbayes de Chésery et de Saint-Etienne de Verceil. A une naissance illustre, — car il était fils de Jean de Compeys, seigneur de Gruffy, Draillant, la Chapelle, etc., — le nouvel abbé unissait une connaissance profonde des lois et de la théologie. Aussi le duc Louis aimait à le consulter et son fils, le Bienheureux Amédée IX, lui confia la charge éminente de grand chancelier de Savoie. Jean de Compeys ne devait pas s'arrêter là ; il devint successivement évêque de Turin (1469), de Genève, puis de Tarentaise. Mais s'il fut comblé d'honneurs, il ne le fut pas moins de contradictions. Obligé de lutter avec ses tenanciers de Filly qui refusent de lui passer reconnaissance (1464-1466) [2] ; avec les compétiteurs qui lui disputent l'évêché de Genève ; avec ses parents qui le dépouillent de son patrimoine, il meurt abreuvé de chagrins, le 28 juin 1492.

1. *Invent. inédit*, n° 264.
2. Acad. Val d'Isère, *Documents*, I, p. 291 et 295.

Jean de Compeys avait résigné l'abbaye de Filly [1] avant d'aller occuper l'évêché de Turin. Il eut pour successeur

Jean Michiele *aliàs* de Septisono (1469-1496).

Vénitien, neveu du pape Paul II, évêque d'Albano, de Porto, etc., cardinal-diacre du titre de Sainte-Lucie puis de Saint-Ange. Celui-ci confia l'administration du couvent au frère du précédent abbé, Mre Philippe de Compeys, curé de Margencel et de Cruseilles, prieur de Lovagny puis de Lutry, chanoine et vicaire général de Genève, mort en 1496 [2]. J. Michiele eut aussi des vicaires généraux.

Le premier, Ve Michel Perret ou *de Perretis*, professeur de droit (1474-1475) — qui avait lui-même pour vicaire substitué Etienne de Farchis, chanoine de Filly, — commit la faute d'affermer tous les fruits et revenus de l'abbaye à V^es Antoine Perreti et Gabriel Rustignelli sous la cense annuelle de 700 florins de Savoie (environ 7,140 francs de notre monnaie). L'abbé mécontent le remplaça par *Jean Meffredi* (1475-1479), qui obtint de l'évêque du diocèse l'annulation du bail

---

1. Le 14 octobre 1468, comme abbé de Filly, il présente pour la cure d'Excenevex dom Claude Mathieu, sacristain de Filly.

2. M. Sarrasin, dans ses *Notes sur l'Obituaire de l'Eglise de Genève*, donne à Philippe de Compeys la qualité d'abbé de Filly, dès 1483. Les actes suivants que l'on trouve dans les Registres de l'évêché d'Annecy prouvent qu'à cette époque et longtemps plus tard, Jean de Septisono était toujours abbé : 27 janvier 1474, sauvegarde accordée à M. Perret, vicaire général de Filly pour le cardinal de Saint-Ange ; 20 juillet 1475, Ve M. Perret, vicaire général de Filly pour le même cardinal, présente un curé pour Yvoire ; 10 juin 1476, Jean Meffredi est vicaire général de Filly et procureur du cardinal de Saint Ange ; 4 février 1487, Eustache des Granges, gouverneur de Filly pour le cardinal de Saint-Ange, présente un curé pour Perrignier ; enfin, dans le *Déclaratoire des Servis* aux Archives départementales (I, p. 694), on trouve mentionnées des reconnaissances passées à cause de Filly, en faveur de R^me Jean, évêque de Porto, cardinal de Saint-Ange, dans les années 1494 et suiv.

(12 avril 1476). Les successeurs de Jean Meffredi furent : Pierre de Viry, chanoine de Genève, en 1482, et Jean de Lornay, en 1497.

Amblard Goyet (1500, † 1517).

Vers 1500, le cardinal de Saint-Ange céda la *commende* de Filly à Vᵉ Amblard Goyet, docteur ès-droits, chanoine de Saint-Pierre de Genève et, depuis quelques années, vicaire général du diocèse [1]. Le 9 janvier 1501, l'abbé de Filly reconnaît tenir de Philippe de Savoie, prince d'Achaïe, le droit de pêche déjà reconnu en 1428, plus un moulin dit de Copier, situé sur le Foron, plus le cours d'eau du Rizon venant de Draillant et passant par le village de Perrignier pour arriver à son moulin et battoir [2]. L'année suivante, Amblard Goyet, abbé de Filly, signe plusieurs actes comme vicaire général de l'évêque Philippe de Savoie. En la même qualité, il exécute, le 29 juillet 1504, les lettres de légitimation accordées par le cardinal de Saint-Marcel à Claude donné de Confignon [3]. Au printemps de 1505, le duc Charles l'envoie en ambassade en Allemagne, vers Marguerite d'Autriche, veuve de Philibert le Beau, avec mission de déterminer le douaire de cette princesse, ce qui se fit le 5 mai [4]. Le 23 janvier 1506 et le 23 mars 1508, en sa qualité d'abbé, il présente un curé pour Messery. Nous le voyons encore, le 6 juillet 1510, à Genève, prononçant une sentence arbitrale entre François de Lucinge et le

---

1. A. Goyet avait été ordonné prêtre le 18 septembre 1490.
2. Archives dép., *Sommaire des Fiefs.*
3. *M. S. Sav.*, XXIX, p. LVIII.
4. GUICHENON, I, p. 615.

baron Amédée de Viry [1] ; et, le 22 février 1513, recevant
l'institution de la cure de Pontchy ; enfin, durant l'été
de 1516, il accompagne P. Farfeni, évêque de Baïrout,
dans la visite qu'il fit du diocèse pour Jean de Savoie.

Amblard Goyet mourut le 7 mars 1517. « C'était,
d'après l'inscription que Spon nous a conservée [2], un
homme plein de piété envers Dieu, estimé des princes,
des nobles et du peuple à cause de sa prudence, de son
aménité et de sa générosité. »

Pierre Goyet (1517-1530).

A la mort d'A. Goyet, le pape Léon X, voulant témoigner aux Suisses sa gratitude pour les services importants qu'il en avait reçus, accorda les revenus de
l'abbaye de Filly aux chapitres de Berne et de Fri-
bourg, qui en prirent immédiatement possession, et
les amodièrent, pour trois ans, à un ecclésiastique fribourgeois, Vᵉ Jean Plenihominis. Celui-ci étant mort
peu de mois après, son père, Jean Plenihominis, remit
à dom Aymon de Sales, chanoine de l'abbaye, et à
P. Quisard, de Massongy, notaire, tous les droits qu'il
pouvait avoir sur la récolte de l'année courante (1518)
pour 1,400 florins d'or petit poids. Il se réservait toutefois trois ou quatre charretées de foin qui se trouvait
alors dans la grange de Marignens et tout le vin tant
blanc que rouge, à la réserve de celui qu'on devait aux
chanoines pour leur prébende (21 octobre 1518) [3].

1. Besson, *Mémoires*, p. 98.
2. Spon, II, p. 355.
3. Arch. Thorens, de Massongy, *Min. du notaire Quisard B.* Une expédition
de cet acte fut faite, le 2 octobre 1519, en faveur de Vᵗ Hudry Guidollaz, chapelain fribourgeois, alors amodiataire de Filly, en présence de doms Alexandre
du Souget et Jean de Marrieu (?), chanoines de Filly. (Ibid.)

Non contents de posséder les revenus de l'abbaye, les Suisses voulurent s'ingérer dans son administration. De leur côté, les Savoyards patronaient Mre Pierre Goyet, parent de l'abbé défunt et comme lui chanoine de Genève. De là un conflit [1]. Pour y mettre fin, Léon X nomma commendataire perpétuel le cardinal Nicolas Fieschi [2]. Mais celui-ci ne paraît pas avoir pris possession.

Pierre Goyet l'emporta. Nous le voyons, en effet, remplir les fonctions d'abbé en 1523, 1524 et dans les années suivantes.

Citoyen de Genève, P. Goyet eut la douleur, en ce temps-là, de voir sa ville natale désolée par les luttes intestines, une partie des habitants se révolter contre l'autorité épiscopale et renier leur antique foi pour embrasser la Réforme. A la suite d'une bagarre dans laquelle le chanoine Lutry avait été maltraité par les *eidgnots,* l'abbé de Filly se présenta devant le Conseil de Genève afin de protester contre les violences dont les chanoines étaient menacés (26 février 1526) ; mais ces protestations n'eurent pas d'effet. Aussi, vers la fin de juillet de l'année suivante, ne trouvant plus assez de sécurité dans la ville, il en sortit avec un certain nombre de ses collègues. Vint-il résider dans son abbaye ? Nous l'ignorons. Mais ce que nous savons, c'est qu'en 1530, il recevait encore des reconnaissances de ses tenanciers d'Habère et de Burdignin [3].

P. Goyet avait fait peindre pour la chapelle de son

1. « *Cujus abbatia disceptatur inter* R^dos *Goyetos et Hudraycus Strorx helemanus* » dit la visite du 16 avril 1516. (Arch. de Genève.)
2. Schmitt, *Hist. du Dioc. de Lausanne.*
3. Arch. dép.

abbaye un grand tableau qu'on voyait encore, en 1822, dans l'église de Sciez, et au bas duquel on lisait l'inscription suivante : *Deo Optimo Maximo, Mariæ semper virgini, Divis Petro. Paulo. Augustino et Hieronymo patribus. Petrus Goyetus abbas Filiaci, dignissimusque canonicus gebennensis pia mente dicavit* [1].

Claude-Louis Alardet (1535, † 1564).

Dernier abbé de Filly, était, comme ses prédécesseurs, chanoine de Genève [2]. Il avait reçu depuis peu de temps la crosse abbatiale quand les Bernois envahirent tout à coup le Chablais (février 1536) et y imposèrent la Réforme protestante. Dépouillé de sa stalle et de son abbaye, Alardet se retira auprès de S. A. Charles III, qui lui confia l'éducation de son fils, le célèbre Emmanuel-Philibert. Par son intelligence et son dévouement à son élève, le maître devint plus tard doyen de Savoie (1545), puis évêque de Lausanne (1560). Il mourut en 1564 [3]. « C'était, dit Besson, un homme recommandable par sa régularité et sa pénétration d'esprit. »

Après lui, le titre d'abbé de Filly fut encore donné à R^d P. Goyet, commendataire de Nantua, qui eut ainsi le droit de percevoir les revenus de Filly non aliénés par les Bernois. Mais à sa mort (1602), toute espérance de relever l'abbaye étant perdue, on supprima un titre devenu sans objet.

---

2. Note écrite dans un vieux registre par M. l'abbé Baratay, vicaire de Sciez, et communiquée par M. le curé Lavorel.

3. Il l'était déjà en 1518.

1. Le 15 mars 1551. Cl.-L. Alardet fut institué curé de Burdignin.

Pour suivre sans interruption l'histoire des abbés commendataires, nous avons laissé quelque temps celle des chanoines de l'abbaye, nous allons y revenir.

VII. — DÉCADENCE ET FIN DE L'ABBAYE.

Au XIVe siècle, dans le but de remédier au relâchement qui s'introduisait dans la Congrégation des chanoines réguliers, le pape Benoît XII avait rédigé des Constitutions nouvelles que de son nom on appela *Bénédictines*. Cette réforme eut d'excellents résultats. Mais, plus tard, le schisme d'Occident et la plaie des abbés commendataires en relâchant les liens de la discipline précipitèrent la décadence.

Lorsque, au printemps de 1443 (19 mai), Mgr Barthélemy, évêque de Montefiascone, chargé par François de Mez de visiter le diocèse, pénétra dans l'enceinte de l'abbaye de Filly, les religieux, au nombre de huit, — six prêtres, un diacre et un novice, — n'observaient aucune règle [1]. Ils sortaient du monastère sous de futiles prétextes, acceptaient l'office de parrains, mangeaient et buvaient dans les maisons, se livraient aux plaisirs de la chasse avec une meute qu'ils nourrissaient à cette intention. Bien plus, ils n'avaient même aucune copie ni de la règle ni des *bénédictines*. Le visiteur condamne sévèrement ces abus. Il enjoint à l'abbé de se procurer, dans les deux mois, le texte de la règle et des Constitutions de Benoît XII, et aux religieux de les étudier tous les jours. En attendant, il leur prescrit un règlement de vie : Ils diront

---

1. Le texte de cette visite se trouve dans les archives de M. Domenjoud, percepteur, qui a bien voulu nous en laisser prendre copie.

matines l'hiver à quatre heures et l'été à trois ; célèbreront tous les jours trois messes outre la conventuelle ; entendront chaque jour, à la fin de primes, la lecture en français et en latin de quelques articles de la règle ; prendront ensemble leurs repas et coucheront dans un dortoir commun. Ils établiront un *portier* qui ne laissera pas sortir les chanoines sans une permission expresse de l'abbé ou du prieur ; un *infirmier* qui aura le soin des malades, et un *sacristain* qui sera chargé de la paroisse. Enfin, ils distribueront l'aumône à la porte et ne permettront jamais aux femmes de pénétrer dans l'enceinte du monastère.

Ces sages ordonnances portèrent leurs fruits, car, dans la visite qu'il fit trente ans plus tard, au nom de l'évêque J.-L. de Savoie, Mgr Fichet ne fit aux religieux d'autres recommandations que celle d'acquitter fidèlement les messes et anniversaires fondés par la famille d'Allinge [1].

En 1482 (23 janvier), Mgr de Claudiopolis, agissant au nom de l'évêque déjà nommé, les avertit de mieux observer la règle, de ne point vagabonder et ne point molester les gens du voisinage [2]. Le relâchement avait donc pénétré de nouveau dans le monastère, et — bien que l'on ne puisse légitimement conclure du particu-

---

[1]. Arch. de Genève, visite du 14 mars 1471. Il y avait alors huit chanoines prêtres et quatre novices. Voici, sauf erreur, les noms de la plupart d'entre eux : Jacques Mathieu, qui venait de résigner la cure d'Excenevex ; Claude Mathieu, sacristain et curé d'Excenevex dès 1468 ; Guillaume de la Queue ; Aymon Pavenchy, J. Arpin, Nicod de Sales, Jacques Dupont, Perronet Marchiand, *alias* Michaud, et Barthélemy Dusouget.

[2]. Arch. de Genève. On y retrouve les chanoines : de la Queue, devenu prieur ; du Souget, Dupont, Pavenchy, Marchand, avec un Pierre Quinerit (qui non residet, *sic*), un P. Jusset (Juget). Il devait y avoir aussi un Sixt de Marcello. P. de Viry, chanoine de Genève, remplissait les fonctions de vicaire général.

lier au général, — nous avons lieu de croire qu'il s'y maintint.

La sève divine ne circulait plus assez abondante dans cet arbre séculaire dont les branches se desséchaient peu à peu. La sainte Eglise, il est vrai, aurait pu infuser à cet arbre une vie nouvelle. Mais l'ennemi ne lui en laissa pas le temps : il vint et mit la cognée à la racine de l'arbre.

Sur la fin de janvier 1536, pendant que François Ier envahissait les autres provinces du duché de Savoie, les Bernois occupèrent le pays de Vaud, puis le Chablais occidental. Après avoir montré pendant quelques mois une certaine tolérance, ces derniers interdirent l'exercice du culte catholique et imposèrent de force à nos populations la religion nouvelle inventée par Luther, Zwingle et Calvin. Les religieux de Filly durent, en conséquence, vider le monastère. Un d'eux eut la lâcheté d'embrasser le nouvel évangile et reçut de Berne une pension pour prix de son apostasie : il se nommait Florentin d'Eschallon.

LISTE DES CHANOINES DE FILLY
DEPUIS 1468

Mathieu Jacquer.

Mathieu Claude, sacristain et curé d'Excenevex. 1468.

De la Queue Guillaume, promu au sous-diaconat le 18 mars 1469, prieur de 1475 à 1482.

De Sales Nicod, ordonné diacre le 21 décembre 1471. Suivant Charles-Auguste de Sales, était frère de noble Aymon de Sales dont nous parlerons plus loin. N'appartiendrait-il pas au contraire à la famille de Sales de Filly ? 1.

---

1. Parmi ceux qui, vers ce temps, reçoivent la tonsure à Genève, je remarque un Jean de Sales de la paroisse de Filly, le 18 mars 1469 ; de même, le 26 février 1491.

Dupont Jacques, ordonné sous-diacre le 21 décembre 1471. nommé à la cure de Burdignin le 29 août 1482. En 1485, un Jean de Genève, qui lui disputait ce bénéfice, fut débouté par sentence du 28 avril. Jacques Dupont vivait encore en 1518.

Pavenchy Aymon, promu au sacerdoce le 21 décembre 1471, présent à la visite du 23 janvier 1482.

De Farchis Etienne, mentionné en 1474.

De Souget Barthélemy, minoré le 21 décembre 1476, mort trente ans plus tard curé de Commugny. dont il avait été pourvu le 1" septembre 1473.

Arpin Jean, témoin le 1" septembre 1473.

Marchiand *alias* **Monini Perronet,** de Saint-Trivier de Certaux, au diocèse de Lyon, résigne la cure d'Yvoire-Excenevex le 25 octobre 1475.

Quinerit Pierre et **Jusset (Juget) Pierre,** mentionnés dans la visite de 1482.

De Marsello Sixt, promu au diaconat le 21 décembre 1482.

Du Vernay Jean, minoré le 24 mai 1483, vit 1518.

Boccard Guillaume, institué curé de Perrigny le 4 février 1487. — Un autre Guillaume Boccard de Filly, pas dit chanoine, reçut le sous-diaconat le 20 mars 1507. et le diaconat le 3 avril suivant.

De Sales Aymon, fils de N' Jean de Sales le Vieil, reçut les ordres mineurs le 24 septembre 1491 ; le diaconat, le 17 mars, et la prêtrise, le 7 avril 1492. Encore témoin à Filly le 13 mars 1517 et le 16 avril 1518.

Clerc Maurice feu Jean, tonsuré le 24 septembre 1496, sous-diacre le 18 février et diacre le 25 mars 1497. Encore témoin à Filly en 1518 et 1523.

D'Aymavinea Jean, reçoit les ordres mineurs le 22 décembre 1498, le diaconat, en 1505, et la prêtrise. l'année suivante. Vit 1518.

De Gervais *alias* **de Jovasio Jean,** minoré le 8 mars 1505, sous-diacre le 7 mars 1506, diacre le 19 septembre suivant, et prêtre, le 20 mars 1507. Vit 1523.

Vuarin Antoine, reçoit les ordres mineurs le 20 mars, le sous-diaconat le 3 avril, le diaconat le 18 décembre 1507, et la prêtrise le 18 mars de l'année suivante. Est encore témoin à Filly en 1519 et 1523.

Du Soujet Alexandre, témoin en 1516. Le même, pas dit chanoine, avait reçu les ordres sacrés en 1499 et 1500.

Jaconis *alias* **Zelonis Jean,** fils d'Henri, reçoit la tonsure en 1508, le sous-diaconat et le diaconat en 1509, et la prêtrise en 1510. Encore vivant en 1519.

Gringalet Pierre, sacristain en 1518 [1].

Ici une lacune.

Nicollin ntoine, tonsuré le 25 mai 1532 dans l'église Saint-Augustin de Thonon.

D'Echallon Laurent *alias* **Florentin,** tonsuré le même jour au même lieu, reçoit le sous-diaconat le 29 mars 1533.

VIII. — HISTOIRE DES IMMEUBLES DE L'ABBAYE DE 1536 A NOS JOURS.

Filly sous les Bernois. — Non contents d'expulser les chanoines de leurs cellules, les Bernois s'emparèrent des édifices, des possessions et des rentes de l'abbaye, tout en supprimant la plus grande partie des charges, telles que les messes et autres fondations pieuses.

Ils n'osèrent toutefois, de peur d'irriter les populalations, supprimer les aumônes considérables que les religieux distribuaient aux paroisses voisines. Ils firent donc de l'abbaye un *hospice,* destiné à héberger les indigents (3 janvier 1539) et y placèrent en qualité de surveillant un diacre, auquel on donna pour logement une maison contigue à l'église, et, pour traitement annuel, 18 coupes de froment, mesure de Thonon, au-

---

1. Dans la visite qu'il fit de l'abbaye, le 16 avril 1518, Mr Farfeni, coadjuteur de Jean de Savoie, y trouva dix chanoines dont on peut voir les noms dans la liste que nous donnons ici. (Arch. de Genève.)

tant d'avoine, avec 200 florins et son affouage dans le bois de ce nom [1].

Quant aux terres et aux rentes de l'abbaye, Berne les abergea à divers particuliers ou les céda provisoirement aux ministres qu'elle établit dans la province. Elle en aliéna même une partie. C'est ainsi qu'elle vendit la grange du Sablon [2] aux frères Boccard et le domaine de Marignens à Claude Baudichon de la Maisonneuve (1er mars 1547) [3]. Un peu plus tard (20 mai 1553), elle remit à François d'Allinge, seigneur de Montfort, en échange des droits que celui-ci possédait dans le mandement d'Allinge, tous les hommes, hommages, cens, etc., appartenant jadis à l'abbaye. Par le même acte, elle cédait à ce gentilhomme, zélé calviniste, les édifices du monastère avec deux poses de terres adjacentes moyennant 50 écus d'or d'introge et sous charge d'y réserver une habitation convenable au diacre et d'entretenir l'église avec ses deux chapelles [4]. Enfin, le 2 août de l'année suivante, elle cédait encore au même un bois de 24 poses, dit de la Millaz, voisin du monastère, et un autre de 60 poses au lieu dit en Forel, contre le bois de la Creusa, au-dessus de Rezier à Fessy, et celui des Vuardes à Perrignier [5].

---

1. On donnait le nom d'*affouages* à un vaste mas de bois situé au-delà du Vion (n° 728 de l'ancienne mappe d'Excenevex), parce que l'abbaye de Filly permettait aux habitants du village d'y aller couper du bois pour leur service journalier, moyennant la redevance annuelle d'une coupe d'avoine par feu. Ce droit leur fut maintenu par les Bernois et par les chevaliers des SS. Maurice et Lazare. Mais la Révolution le leur enleva en vendant ce bois au citoyen Anthoinoz.

2. La grange du Sablon avec son pourpris, de la contenance de douze poses, passa aux Rebut (1605) qui la vendirent aux Mathieu. C'est aujourd'hui la propriété d'une famille Détraz.

3. Les enfants de Claude Baudichon revendirent à Bernard d'Allinges (1580) ce domaine de la Tour qui passa ensuite aux de Budé, aux Charmot, etc., et se trouve occupé maintenant par les familles Suchet, Vuatoux, Dumont et Guyon.

4. Les édifices, donnés ici en augmentation de fief, avaient été cédés à François d'Allinge en vertu d'un acte passé à Berne le 12 janvier précédent.

5. Archives départementales.

Restitution et conversion du Chablais. — Les Bernois occupaient le Chablais depuis 23 ans, lorsque le jeune duc Emmanuel-Philibert, à la tête des armées impériales, battit les Français à Gravelines et les contraignit à lui restituer ses Etats (1558-59).

Peu de temps après, ce prince obtint de Berne la restitution du Chablais (1564-1567), à la condition toutefois d'y laisser, dans le *statu quo,* la religion et les biens d'origine ecclésiastique. Le Chablais continua donc de suivre le culte calviniste, et les revenus de Filly demeurèrent entre les mains de ceux qui les avaient achetés ou abergés des seigneurs de Berne. Mais, sur la fin du siècle, de graves événements vinrent rendre à nos princes leur liberté d'action.

Les Bernois et les Genevois, ayant, au mépris du traité de Lausanne, envahi le Chablais à main armée (1589), le duc Charles-Emmanuel les en chassa, fit saisir les revenus ecclésiastiques [1], les remit à l'Ordre des SS. Maurice et Lazare, à qui d'ailleurs le pape Grégoire XIII les avait accordés par deux bulles précédentes [2] ; renvoya de la province la plupart des ministres et y appela des missionnaires dans le but de ramener, si possible, à la vraie foi les habitants qui en avaient été violemment détachés.

Le premier missionnaire envoyé à Thonon ne tarda pas à se retirer devant les menaces des protestants. Mais le second se nommait *François de Sales* (1594). La douceur, la patience, le zèle héroïque, non moins

---

1. Il reprit même au seigneur de Coudrée les bâtiments de Filly avec deux pièces adjacentes.

2. Bulles du 13 avril 1575 et 24 juin 1579. (*Acad. sal.*, II, p. 268.)

4

que la science et l'éloquence du jeune apôtre, gagnèrent bien vite le cœur et l'esprit des Chablaisiens qui abjurèrent en masse l'hérésie à l'occasion des célèbres Quarante-Heures ouvertes à Thonon dans l'automne de 1598.

Le 7 octobre, abjuraient dans cette ville les chefs de famille d'Anières, d'Hermance, de Douvaine, de Ballaison, de Messery et de Filly. Ces derniers étaient au nombre de vingt-huit ; voici leurs noms : Bellod Philiberte, Beyssonnet Antoinette, Bocquard Françoise, Bossu Louis et Louis, Bourgens Claude, de Chalon (noble) Péronne [1], Duchamp Claude et Maurice, Chappuis Gaspard et Pierre, Chaudet Béatrix, Echarnier Pierre et Hélène, Guidon Claude, Guillermin Claude, Jacob Jean, Jordan Thomas et Thomas, Mathieu Françoise, Du Mont Jeanne, Petit Joseph, Portier Floret, Ravion Pierre, de Rua Mermet, de Sales Pierre, Ticon Rose et du Tigner Jean.

La messe rétablie à Filly. — Le Chablais converti, on se hâta d'y réorganiser le culte.

Mgr de Granier et S. A. Charles-Emmanuel firent tout d'abord dresser un état des églises paroissiales, des presbytères, des couvents et de leurs biens fonds.

Le cloître de Filly, le monastère et le clocher luimême étaient tombés en ruines. Les cloches avaient été brisées ; mais les officiers de S. A. en avaient sauvé le métal en le transportant dans le fort des Allinges. L'église, restée debout, était ouverte à tout venant ;

---

1. Une demoiselle Perrine d'Echallon épousa Antoine Mathieu, notaire à Filly.

car il n'y avait plus de portes ; et la nef, privée de son toit, menaçait de s'effondrer. Seul, le chœur était dans un état convenable et conservait encore une partie des sièges que les religieux occupaient avant la Réforme (8 novembre 1598) [1].

La visite de Mgr de Granier suivit de près celle des délégués. Le bon évêque encouragea les habitants à restaurer l'église de l'abbaye ; en attendant il réconcilia le cimetière afin qu'on pût y enterrer les morts et il unit le village à la paroisse de Sciez.

Renonçant à sauver la nef, les habitants firent au chœur de l'église les réparations les plus urgentes. Lorsqu'elles furent achevées et l'autel rétabli, saint François de Sales, qui avait remplacé Mgr de Granier sur le siège épiscopal, vint consacrer l'un et l'autre. C'était le 22 septembre 1611. On devine sans peine la joie qu'éprouvèrent ces braves gens en voyant l'apôtre bien-aimé qui les avait tirés des ténèbres de l'hérésie et l'Auguste Sacrifice de la messe offert de nouveau dans leur antique église. Leur bonheur eût été complet, si on leur avait donné un prêtre qui résidât au milieu d'eux. Mais c'était impossible : leur pauvreté et petit nombre s'y opposaient. François de Sales maintint donc leur union à la paroisse de Sciez et mit Rd Claude de Blonay, curé de ce lieu, en possession de l'abbaye, ainsi que de deux petites pièces de terre adjacentes, à la charge de venir, une fois par semaine, célébrer une messe basse dans la chapelle de Filly et

---

1. Ces détails sont tirés partie du procès-verbal de l'enquête, partie de la visite de cette église faite, le 23 septembre 1624, par Mgr J.-F. de Sales. Nous devons la communication de ces deux documents à l'obligeance de M. Domenjoud, qui les possède dans ses archives.

d'y administrer les sacrements de baptême et d'Eucharistie.

Cet arrangement, imposé par les circonstances, ne contenta point les gens de Filly. Aussi à la mort du curé de Blonay, spectable Michel Mathieu se rendit-il, au nom de tous, à Annecy, pour supplier l'autorité épiscopale d'imposer au nouveau curé l'obligation de célébrer la messe dans leur chapelle tous les dimanches et toutes les fêtes de l'année. Saint François de Sales faisait alors, à la suite de Charles-Emmanuel, le voyage d'Avignon dont il ne devait pas revenir. Jean-François de Sales, son frère et coadjuteur, avec le titre d'évêque de Chalcédoine, ayant pris l'avis des examinateurs assemblés pour le concours, refusa tout service pour le dimanche, et décida que le nouveau curé serait tenu de célébrer la messe à Filly le jour de la Dédicace, celui du patron, les jours de fêtes non solennelles et, à défaut de fêtes tombant dans la semaine, chaque vendredi de l'année (23 novembre 1622).

Les villageois de Filly néanmoins ne renoncèrent point à l'espérance de posséder le service religieux, le dimanche, dans leur chapelle. Ils crurent même un instant leur désir accompli. C'était en 1643.

Les Barnabites de Thonon venaient de bâtir une tuilerie dans leurs bois d'Excenevex, à 7 ou 800 mètres au-delà du Vion. Déjà propriétaires des rentes féodales et d'une partie des immeubles de l'antique abbaye, comme nous le verrons plus loin, ces religieux crurent pouvoir se mettre en possession de l'église et de son pourpris. Un jour, le P. Alexis Mugnier, l'un d'eux, abat un noyer qui s'élevait sur le bord du cimetière et qu'il fait placer au travers du ruisseau, enlève, dans la partie du champ des morts réservée aux étrangers, une certaine quantité de terre qu'il fait jeter dans le chemin, et, poussant plus loin son audace, il force, un beau matin, la porte de la chapelle, pénètre dans le sanctuaire, y célèbre la messe en présence des notables du lieu et leur déclare *qu'il est abbé de Filly,* qu'il entend être maître dans l'église et que déjà il avait acheté une cloche, du poids de 60 livres, pour annoncer les offices.

Le nouvel abbé toutefois ne jouit pas longtemps de sa victoire. Averti de ce qui se passait, le chanoine Séraphin, alors curé de Sciez, accourut à Filly, fit mettre à la porte de l'église une serrure neuve et traduisit les Barnabites devant le Sénat de Savoie (2 juin 1643). Le procès dura longtemps.

Une enquête solennelle fut ouverte à Massongy, dans la maison d'honorable Nicolas Quisard (5 octobre 1644). Les témoins, au nombre de quatorze, déposèrent tous en faveur des droits du curé. Parmi eux, je remarque : un charpentier bourguignon, Blaise Vulliaume, qui travaillait à la tuilerie des Barnabites ; nobles Pierre Boccard de Curtet, châtelain de Coudrée, son fils Pierre, et spectable Jean-Amed Mathieu, docteur en droit ; Gonin Bossu, cordonnier ; Berthod Chappuis, vieillard nonagénaire ; J.-F. Deville ; P. Duchamp, berger ; P. Guillermin ; Jean Jacob, tisserand, et Antoine Ticon, tailleur d'habits, tous de Filly.

Les témoins de l'enquête contradictoire, ouverte à Filly même (25 et 26 septembre 1645), dans l'auberge de J.-L. Favre, dit *la Débauche,* croient que le noyer abattu se trouvait en dehors du cimetière ; pour le reste, ils confirment la possession du curé qui finit par obtenir gain de cause [1].

Ecroulement de l'église. — Peu de temps après, d'ailleurs, l'église s'écroula ; et, lorsque, le 23 octobre 1663, Mgr d'Arenthon d'Alex, procédant à la visite générale du diocèse, vint à Filly, il n'y trouva plus que des masures. On continua cependant d'inhumer dans le cimetière jusqu'à ce que la clôture étant tombée à son tour, l'autorité épiscopale en interdit l'usage [2]. Les habitants de Filly demandèrent alors qu'on voulut bien leur accorder une place spéciale dans le cimetière de Sciez, offrant de verser de suite un demi-ducaton par feu pour les besoins les plus pressants de l'église mère, et de contribuer, à l'avenir, à l'entretien des immeubles paroissiaux. Faisant droit à leur demande, Mgr de Rossillon, de concert avec le curé et les habitants de Sciez, leur assigna l'angle nord-ouest (17 août 1702).

Quarante ans plus tard, l'église paroissiale étant devenue par trop petite et menaçant de s'effondrer, il fallut la rebâtir. Les villageois de Filly fournirent, pour leur part, les matériaux de l'abbaye [3], quelques

---

1. Dans cette enquête, dirigée par le sénateur Ducrest, les témoins originaires de Filly sont : Nᵉ Pierre, feu Nᵉ Jean Boccard ; Etienne Chappuis ; Paul Guillermin ; Pierre Jacob, tisserand, et Mᵉ Jean, fils de Jacques Soudan, notaire. (Archives départementales.)

2. Archives de l'évêché. Chaque année, le 1ᵉʳ jour des Rogations, la procession de Sciez se dirige vers l'endroit où fut le cimetière de Filly et l'on y chante un *Libera me* pour l'âme des défunts dont les cendres y reposent. La dernière sépulture à Filly est du 6 septembre 1692.

3. Certains pans de murailles, restés debout, furent épargnés. « Il y a quarante-cinq ans, nous écrit M. le curé Lavorel — *auquel nous devons maints autres renseignements très obligeamment fournis* — l'ancienne tour du clocher avait encore dix pieds de haut. »

tableaux fort anciens avec une petite cloche appelée *borgognotte* (1741-42) [1].

Maintenant que nous avons achevé l'histoire de l'église et de la paroisse de Filly, voyons ce que devinrent les possessions et les revenus de l'abbaye.

Le pape Grégoire XIII, nous l'avons dit plus haut, avait incorporé à la Sacrée Religion, soit à l'Ordre des Chevaliers des SS. Maurice et Lazare, tous les anciens bénéfices du Chablais avec la clause que, le jour où cette province reviendrait au catholicisme, ces biens seraient employés à la réorganisation du culte. Le Chablais converti, Clément VIII, fort de cette clause, révoqua l'union provisoire dont nous venons de parler et donna à Mgr de Granier, évêque du diocèse, plein pouvoir d'ériger les nouvelles paroisses et de partager entre elles les revenus cédés jadis aux chevaliers (24 mars 1599).

Ceux-ci mirent, à se dessaisir, beaucoup de mauvaise volonté. Cependant, après une longue résistance, ils durent céder les églises paroissiales avec leurs presbytères, quelques biens-fonds et les dîmes qui furent généralement assignées aux curés des paroisses respectives [2]. C'est ainsi que le curé de Sciez eut pour sa part l'église de Filly avec deux petites pièces de terre

---

1. Elle avait probablement été donnée par un des nombreux bourguignons qui habitèrent Filly dans la première moitié du xviiᵉ siècle.

2. Dans la convention passée entre saint François de Sales et les Chevaliers, le 7 juillet 1607, ceux-ci déclarent céder : « 1° tous les dismes dependant de « l'abbaye de Filly en quel lieu et « espèce que ce soit rière le duché de Cha- « blais, avec les 300 gerbes de paille réservées par l'abergement des Curtet « (Bocacrd) faict par les seigneurs de Berne. Item tous les dîmes du prieuré « de Douvaine..., tous les revenus de l'abbaye du Lieu..., tous les revenus des « chapelles, etc. » (*Acad. Sal.*, II, 271.)

adjacentes, un tiers de la dîme du Sablon, la dîme de Chavanex, celle d'Once et une rente de 20 écus d'or à percevoir sur le domaine de Marignens [1].

Demeurée propriétaire des cens ou rentes féodales que l'abbaye de Filly percevait jadis en Chablais, là Sacrée Religion les vendit au Chapitre de Saint-Jean-de-Maurienne qui les céda bientôt à l'Université chablaisienne, soit à la Sainte-Maison de Thonon, en échange du prieuré de Saint-Julien en Savoie (4 octobre 1617) ; et celle-ci les remit, l'année suivante, aux Pères Barnabites que saint François de Sales avait appelés à Thonon pour en diriger le collège.

Outre ces rentes féodales, dont nous donnons le détail ci-après [2], les Barnabites recouvrèrent le domaine du Châtillonnet, à Draillans, la dîme du mas sur le Mont (même paroisse) qui rapportait, année moyenne, 5 coupes d'avoine et 4 d'orge ; celle des Macherets à Habère, et les bois d'Excenevex, contenant près de 225 journaux.

Afin d'utiliser ces bois, les Barnabites y élevèrent « un four à tuile avec hâle à côté pour les préparer, et « une maison d'habitation composée de 4 chambres « hautes avec écurie et quelques aisances dessous, une « petite grange à côté et un petit four pour cuire le « pain au-devant ». Cette fabrique, commencée en 1642, agrandie en 1715, existe encore : on l'appelle la *Tuilerie des Bois*. Vers le milieu du siècle dernier, on y faisait une cuite par année qui produisait 18,000 tuiles

---

1. En acquérant des Bernois le domaine de Marignens, Cl. Baudichon n'avait versé que le tiers du prix. La rente de 20 écus, représentant l'intérêt des 400 écus non soldés, demeura hypothéquée sur le domaine et fut servie aux Chevaliers par les acquéreurs successifs.

2. Document n° 7.

ou briques, dont la moitié appartenait aux Pères et l'autre au tuilier.

A la Révolution française, ces immeubles furent vendus comme biens nationaux.

Quant aux rentes féodales, elles avaient été abolies douze années auparavant, en vertu de l'édit d'affranchissement promulgué l'an 1771. Les habitants de Filly avaient racheté leur part, moyennant 600 livres de Piémont (16 novembre 1781).

Aumônes. — La Révolution supprima de même les aumônes que faisait autrefois l'abbaye de Filly. Chaque année, au printemps, le monastère, avons-nous dit plus haut, distribuait aux ménages pauvres des paroisses environnantes (Filly, Sciez, Chavanex, Massongy, Messery, Nernier, Excenevex, Yvoire) 25 muids soit 300 coupes de froment qu'on prélevait sur la dîme d'Outre-Vion [1]. Cette dîme passa aux Bernois, puis aux Chevaliers, puis à la Sainte-Maison de Thonon (1603) qui en acquittèrent fidèlement les charges. Enfin, ces revenus dits aumônes furent unis, en 1677, à la Maison des Arts, qui prit en revanche l'engagement d'entretenir trente-six pauvres originaires des huit communes plus haut nommées et de leur apprendre un métier ; engagement fidèlement tenu. Vers le milieu du dernier siècle, alors que la Maison des Arts menaçait de péricliter faute de ressources, un ordre, venu de Turin, défendit, il est vrai, de remplir les

---

1. Au XVIIe siècle, ces aumônes se répartissaient ainsi : Sciez et Chavanex recevaient 7 muids, 2 coupes et 2 quarts de froment ; Filly, 4 muids, 6 coupes et 2 quarts ; Massongy, 3 muids, 6 coupes ; Messery et Nernier, 3 muids, 8 coupes ; Yvoire et Excenevex, 6 muids, 1 coupe.

places vacantes ; mais les paroisses intéressées firent entendre d'énergiques protestations ; elles refusèrent de payer la dîme, et nous croyons qu'elles obtinrent justice. La Révolution, elle, sans pitié pour les pauvres, supprima purement et simplement ces aumônes séculaires.

IX. — Quelques mots sur le village de Filly.

La belle et riante plaine du Chablais fut habitée dès les temps les plus reculés. Nous en avons pour preuve les nombreux ex-voto, pierres milliaires, colonnes, médailles de l'époque romaine trouvés à Douvaine, Messery, Nernier, Loisin, Ballaison, etc.; les tombeaux formés de dalles en pierres plates que l'on a découverts et que l'on découvre, à chaque instant, au Châtelard, à Hermance, à Douvaine, à Choisy et Jussy, dans la commune de Sciez, aux alentours même de Filly soit dans les champs dit Sous-la-Villa, soit à 200 mètres plus loin dans la direction de Coudrée.

Le territoire de Filly possédait une villa, c'est-à-dire une métairie, probablement un village, lorsqu'il fut cédé par l'abbaye de Saint-Maurice au diacre Tibold. Ce dernier avec ses fils Durandus, Harmannus et Stevillus sont les premiers habitants dont les noms soient parvenus jusqu'à nous. L'établissement qu'ils firent eux ou leurs héritiers, d'un monastère à Filly y attira de nombreux colons ; car les serfs du moyen âge savaient, par expérience, « *qu'il faisait bon vivre sous la crosse* ».

Au commencement du xive siècle, nous y trouvons les familles Du Bourg, Estevant, Michy, Mutilly (Mustelle en 1509), Pouget, Testa. Un peu plus tard, les Favre, en latin *Fabri*, qui jouèrent, en ce temps-là, un rôle considérable.

Thomas Favre, de Filly, figure le troisième dans la liste des chanoines Macchabées établis à Genève, l'an 1406, par le célèbre cardinal de Brogny.

Pierre Favre, son parent, devint chanoine de Genève, vicaire-général du cardinal de Brogny, pour lequel il prit possession de l'archevêché d'Arles, enfin évêque de Riez (1415-1418). Par acte du 1er mai 1411, il avait fondé, dans la chapelle des Macchabées, deux chapellenies qui devaient être desservies chacune par un chapelain de la nomination du chapitre de Genève. Il avait eu pour prédécesseur sur le siège épiscopal de Riez un Guillaume Fabri que l'on dit son parent [1] et qui pourrait donc bien être son compatriote. C'est de cette famille, pensons-nous, que descendaient J.-L. Favre, aubergiste à Filly en 1643, et J.-F. Favre, propriétaire en 1730.

Le XVe siècle nous montre :

Les Bellod ou *Bellosii* : Louis Bellosii, de Filly, est ordonné prêtre le 1er juin 1493 ;

Les Cornu, originaires de Bonne. Amed, fils de F. Cornu, reçoit la tonsure le 18 décembre 1479 ; un autre Amed, fils de Mermet Cornu, qualifié de noble, exerçait les fonctions de notaire à Filly en 1509. Leurs biens ont passé aux Boccard ;

Les Farquettaz (1447-1617) ;

Les *Guillermin* [2] : Pierre, feu Jean Guillermin,

---

1. FERAUD, *Histoire du département des Basses-Alpes.*

2. Nous mettrons en lettres italiques les noms de famille encore existant à Filly en 1892.

pour lui et ses neveux Louis et Claude, passe reconnaissance en faveur de l'abbaye en 1494. Jean Guillermin est syndic en 1663 ;

Les Rivit : un Jean, fils de Gaspard Rivit, reçoit la tonsure en 1485 ; Pierre Rivit fut notaire ; ce nom s'est éteint vers la fin du xviie siècle : Peronne Revil, femme d'un Nicolas Nové, ou Novel d'Yvoire, est la dernière personne dont le cimetière de Filly ait reçu la dépouille (6 septembre 1692) ;

Les *Ticon*, aujourd'hui fort nombreux. En 1450, Claude et Jean Ticon passent reconnaissance pour des terres voisines de l'abbaye. Un Claude Ticon était sergent soit huissier en 1598-1619 ;

Enfin, les Boccard et les Mathieu, sur lesquels nous reviendrons bientôt.

L'invasion bernoise nous amena, paraît-il, les Jacob, qui seraient venus de la Suisse allemande. Vers la même époque, apparaissent les *Paillard*, dont la souche, François Paillard, exerçait les fonctions de notaire en 1557.

Au moment de la conversion du Chablais, 12 à 15 familles de Filly envoyèrent un ou plusieurs de leurs membres abjurer, au nom de tous, l'hérésie à Thonon. Outre les Boccard et les Mathieu, ce sont, comme nous l'avons vu plus haut, des Bossu (1598-1643), Bourgens (peut-être les Bourgeois actuels), des *Chappuis, Deruaz*, Duchamp (1598-1660), Dutigny, Echarnier (1598-1730), Guidon, Jacob (1598-1650), *Jordan*, Petit, Portier et Ravion. Un Portier Pierre fut notaire. Les Jacob exerçaient le métier de tisserands. Les Jordan étaient venus de Margencel diriger les moulins d'Excuchefatta qu'ils avaient ascensés des nobles Mathieu ;

d'où le surnom de *mueni* qu'ils ont gardé jusqu'à ce jour. Quant à la famille Deruaz (de Rue, de la Ruaz), elle paraît avoir joui toujours d'une certaine considération : maints de ses membres furent appelés aux fonctions de syndic.

Dans les premières années du xviie siècle, le village de Filly comptait 30 feux. A côté des noms déjà cités, se placent les Delacour (1663-1730), Deville (1643-1730), Excoffier, Golliet (1644). Un peu plus tard, arrivent les *Gantin*, qui venaient d'échanger leur propriété de Cérésy (Excenevex) contre le moulin d'Excuchefatta (1690).

Le xviiie siècle nous amène la famille *Camer*, venue dans la personne de Jacques Camer, tonnelier d'Obrembourg *(sic)* [1], mort à Filly en 1715 ;

La famille Suchet qui, nombreuse en 1730, a disparu depuis quelques années ;

La famille *Bally*, descendue de Larringe vers 1700 ;

La famille *Gerdil* (Jordy, Jardy), venue de Féterne avec Louis Gerdil en 1735 ;

La famille *Blanchet*, dont nous reparlerons ;

La famille *Jeandin*, originaire de Margencel, etc.

Nommons encore les *Délruche*, de Saint-Didier et *Boson*, de Lancy (1785), venus par suite d'alliance avec la famille Camer. Un Auguste Boson est actuellement chef de bataillon au 36e de ligne à Caen. A cette famille se rattache celle des Boson-Olive.

Au xixe siècle, l'immigration continue et nous amène les : *Berthet*, de Boëge ; *Boulens*, de Douvaine ; *Burnet*, de Chavanex ; *Chavassine*, de Samoëns ; *Détraz*,

---

1. Peut-être Brandebourg : on les surnomme encore aujourd'hui les *Allemands*,

d'Orcier, — Jacques Détraz acheta, vers 1820, des biens des commandeurs Mathieu ; — *Jacquier*, de Thonon ; *Moachon*, de Choisy (Sciez), et *Morand*, du Biot.

Tout récemment enfin, sont venues s'établir les familles *Braize*, de Morzine ; *Chavanne*, de Châteauvieux d'Allinges ; Couty, de Loisin ; *Gentil*, d'Anthy-Séchex, etc.

Cette immigration continuelle, que l'on constate également dans les autres hameaux de Sciez, s'explique par la fertilité du sol, par la douceur du climat, par l'agrément du site et par certaines industries. telles que les carrières de Prailles et de Marignens, la poterie de Jussy, la tuilerie des Bois, etc.

Nobles Boccard. — En terminant cette revue des familles qui ont habité Filly durant les derniers siècles ou qui l'habitent encore, nous devons nous arrêter un instant à deux d'entre elles, savoir aux Boccard et aux Mathieu.

Les Boccard, de Filly, occupaient un rang honorable dès la fin du xvᵉ siècle. Egrège Mermet et Pierre, fils de feu Jacques Boccard, étaient, en 1532, fermiers des revenus de l'abbaye de Filly et de ceux de Cusy pour l'abbé d'Abondance : ils sont qualifiés de nobles. Pierre eut trois fils : Paul, François et Amblard, qui vécurent en bonne intelligence avec les Bernois. Aussi reçurent-ils en abergement de ces derniers des terres importantes, procédées de l'abbaye, telles que la grange du Sablon (1544) et le domaine de Châtillonnet à Draillans (1547). François laissa deux filles alliées aux Mally, de Genève. La descendance d'Amblard se continua par Maximilien, Charles, Michel — qui était avocat fiscal en 1630, — jusqu'à Bernard, qui épousa, vers le milieu du xviie sièéle, une fille de N^e Jean-André Mathieu.

N^e Paul Boccard, frère aîné d'Amblard et de François, eut Jean, qui exerça les fonctions de notaire (1588). Pierre, son petit-fils, châtelain de Coudrée (1639, † 1669), épousa une demoiselle Pierrette Pochat, de Jussy (Sciez), qui fut mère de Philiberte, alliée à Me François Soudan, commissaire des extentes du comté d'Allinges, et de Jean-André. — Noble Jean-André († 1669) eut deux enfants : Pierre qui continua la lignée et Louis-Gabriel, *aliàs* Jean-Louis. Le cadet, devenu prêtre, fut, en 1706, nommé curé du petit village de Foncenex. Ayant trouvé l'église, la sacristie, le presbytère et le bénéfice dans l'état le plus misérable, il consacra son activité, même une partie de son patrimoine à relever le tout et ne craignit pas de se rendre plusieurs fois dans ce but auprès du roi Victor-Amédée qui l'aida de sa cassette. Il mourut en 1738.

Pierre, son frère († 1730), épousa demoiselle Jeanne-Marie de Brotty, qui lui donna deux fils et quatre filles. Les deux fils, Pierre-François et François, sont morts, croyons-nous, sans postérité. Une des filles, Françoise, épousa, en 1731, un Pierre-François *Blanchet*, notaire de Tresserve, qui devint châtelain de Coudrée (1762-1779) et qui compte parmi ses descendants Clément Blanchet († v. 1880), juge de paix à Douvaine.

L'antique maison des Boccard est habitée par les petits-neveux du juge et par M. Xavier *Morand*, originaire du Biot, qui acheta des Blanchet, en 1846, une propriété de 35 journaux, et vit encore entouré de l'estime publique. Nous lui devons plus d'un renseignement sur Filly moderne.

Nobles Mathieu. — La famille Mathieu, dont le blason est moins ancien que celui des Boccard, a fourni des personnages plus considérables. Elle remonte à Jean Mathieu qui vivait à Filly en 1471.

Un de ses membres, Antoine, fils de Jacques, exerçait, sur la fin du XVIe siècle, les fonctions de notaire et de châtelain de Filly-Coudrée (1592-1607). De son mariage avec Perrine d'Echallon il eut deux fils : Jean-André et Michel, qui entrèrent l'un et l'autre dans la magistrature. Ceux-ci augmentèrent le patrimoine de la famille et reçurent des patentes de noblesse le 1er septembre 1623. Leur partage est du 22 décembre 1630.

Michel (1599, † 1638) épousa une demoiselle Denise Colin, de Pontarlier en Bourgogne, et devint la tige des Mathieu dits de Cervens ou de Marcleys, qui, après avoir quitté Filly, vers le milieu du XVIIIe siècle, habitèrent successivement Meynier, Lancy, Carouge et possèdent aujourd'hui, sur la rive gauche du lac d'Annecy, le manoir de Villard-Chabod qu'ils ont hérité des Vichard de Saint-Réal. Cette branche s'est alliée aux de Menthon-Lornay, aux de Pontverre, etc.

Jean-André († 1655), conseiller de S. A. R., avocat fiscal (1644), juge ordinaire de la baronnie de Coudrée, devint la tige des Mathieu dits les *Commandeurs.* De son épouse, Claudine de Mesmay, il eut quatre filles dont l'une fut religieuse ursuline et les autres s'allièrent aux Boccard, aux Dadaz, aux Joly de Vallon, et quatre fils, savoir : Jean-Claude, qui continua la lignée ; Pierre-Nicolas, avocat au Parlement de Dôle ; Antoine, prêtre, recteur de la chapelle Sainte-Anne à Marin (1652, † 1685), et Louis, qui mourut des blessures reçues dans un duel avec Nᵉ Jean-Pierre de Foras.

Voici comment le fait est raconté dans les Registres paroissiaux de Sciez :

« Noble Louis Mathieu... docteur en droit, lieutenant en la judicature mage du Chablais... ayant esté provoqué par le sieur de Foncenex, fils de Mʳᶜ de Foras, au lieu dit les Peterettes au-dessous de Massongier du costé de bize et blessé de trois playes dessus la tétine droicte la plus violente voire mortelle — ayant toutefois au prealable navré ledit Sʳ de Foncenex sous l'esselle droicte tirant jusques au milieu de l'estomac — après avoir receu ses sacrements de Pénitence, d'Eucaristie et Extreme Onction, décédé le quatrième jour du mois de juin 1651, qui est le 5ᵉ après ses blessures, mardy de Pentecoste, en la maison d'honorable Claude Quisard, en la paroisse de Massongier. Quelques heures après son décès, a esté porté à Filly en la maison de son dit père et le 5ᵉ dudict mois ensepulturé en l'église paroissiale de Sᵗ Mauris de Sciez par moy soussigné curé du lieu. — Seraphin. »

Jean-André, ayant abergé la grangerie du Sablon ou des Bois, la céda aux Chevaliers des SS. Maurice et Lazare, à la condition que ceux-ci l'érigeraient en commanderie en faveur de Jean-Claude, son fils aîné. Les Chevaliers créèrent donc la commanderie de la *Côte des Bois*, à laquelle ils unirent quelques revenus de l'ancienne abbaye du Lieu avec ceux des maladières du Chablais soit de Douvaine, de Mezinge, du Pont de Dranse et de Lugrin, et reconnurent le titre de commandeur à Jean-Claude Mathieu, à la charge pour lui de rebâtir la maison et grange du Sablon pour le retirage des dîmes (12 juillet 1650) [1].

Jean-Claude mourut le 19 août 1696, laissant pour héritiers trois fils : Joseph-Amé, Claude-François et Jean-Antoine, dont la mère, Jeanne-Françoise Roglia, de Saint-Cergues, fut déclarée tutrice.

Joseph-Amé, commandeur (23 avril 1697, † 1750), eut de Jeanne-Françoise Descostes de Menthon : Jean-Charles, nommé commandeur en 1752. Celui-ci eut de son mariage avec Françoise de Seyssel : 1° Hélène, alliée Pelloux ; 2° Georges-François-Philippe, qui succéda à son père dans la dignité de commandeur et s'allia à Charlotte Quisard ; 3° Félix-Marie, qui épousa, en 1803, sa cousine Louise Mathieu de Marcleys. Ni l'un ni l'autre ne paraissent avoir laissé de postérité.

Les frères Antoine et Nicolas Blanchet acquirent, en 1815, au prix de 30,000 francs, les terres des Mathieu de Filly et leurs bâtiments qui sont occupés aujourd'hui par Jacques Gerdil, M. Chappuis et Marin Deruaz.

Autrefois et aujourd'hui. — Autrefois, le village de Filly possédait son autonomie religieuse et civile : il formait à la fois une paroisse et une commune.

Ses habitants avaient à leur disposition une église, celle du monastère, où ils se réunissaient le dimanche pour entendre la sainte messe et la parole de Dieu, un

1. Jean-Claude érigea dans la commanderie une chapelle qui existe encore. C'est là que fut béni le mariage de Joseph-Amédée Mathieu avec Jeanne-Françoise Descostes (12 février 1697) et celui de sa petite-fille, Hélène-Marguerite avec J.-J. Pelloux, de la Muraz, bourgeois de La Roche, ancêtre, croyons-nous, du général Pelloux.

cimetière où ils allaient dormir leur dernier sommeil. L'invasion bernoise, en détruisant l'abbaye, les priva de tous ces avantages.

Pour gérer ses intérêts matériels, le village avait ses prudhommes, et, plus tard, un conseil librement élu, composé d'un syndic et de trois conseillers. Les pouvoirs du syndic ne duraient qu'une année. Chaque année, les chefs de famille se réunissaient chez l'un d'eux pour vérifier les comptes de la municipalité et nommer celui qui devait remplacer le conseiller sortant soit le syndic [1].

Filly continua de former une commune distincte jusqu'en 1812. Le 14 août de cette année, le sous-préfet de Thonon, dont le secrétaire était, croyons-nous, un Charmot, de Jussy, unit de sa propre autorité le village de Filly à la commune de Sciez, « en ce qui concerne les fonctions de maire et d'adjoint seulement ».

Comme le village conservait l'administration de ses biens (bois de l'Affouage ou de la Millaz, contenance de 50 poses), les habitants acceptèrent assez facilement la suppression du maire ; mais une loi de 1848 ayant décrété la fusion des biens de toutes les sections de communes, ils protestèrent aussitôt et réclamèrent leur séparation, soit l'état de choses antérieur à 1812. Après de longues démarches, leur demande fut à moitié exaucée. Le gouvernement français érigea Filly en

---

1. Voici quelques noms de syndics : 1662, Jean Guillermain. 1663, J.-Cl. Delacour, syndic ; J. Jaccot, Maurice Chappuis et Anthelme Deruaz, conseillers, assistent à la visite épiscopale. 1678, Jean Deruaz, syndic, id. 1679, Maurice Deville, id. 1786, Pierre-François Blanchet, syndic ; J. Jordan et Claude Jeandin, conseillers, demandent, au nom de leurs administrés, l'autorisation de se partager entre eux le bois de l'Affouage : ce qui leur est refusé.

section distincte, avec la faculté d'élire quatre conseillers.

Filly comptait 2o5 habitants en 18o2 ; il en compte
aujourd'hui 297. C'est le plus important des hameaux
de Sciez ; et c'est dans son voisinage que se tient l'une
des deux foires annuelles accordées à la commune en
183o.

Divisée en divers quartiers ou ruelles, les maisons
de la petite bourgade respirent la propreté et l'aisance.
La plaine d'alentour est vaste et fertile. Mais les propriétaires actuels ne doivent pas oublier que les travaux des anciens moines ont grandement contribué à
préparer le bien-être et la prospérité de ce joli coin de
terre.

NOTES ET PIÈCES JUSTIFICATIVES

I.

Donation à Filly par Guy d'Allinge (1155).

Notum sit omnibus tam posteris quam pressentibus quod ego Wido de Allingio laudante uxore mea Agatha. dono et offero Deo et beate Marie et ecclesie de Fideliaco et canonicis ibi Deo famulantibus feodum de Seurti (?) sicuti Giraudus de Massungiaco diu possiderat. Terminatur autem a terra fideliaci usque in lacum et ex altera parte a forone usque ad vionem. Est autem de eodem dono nemus quod jacet juxta domum fideliaci et illud quod Martinus Gallea de eadem domo tenebat. Hoc predictum donum rogatu et commonicione Anselmi ceterorumque canonicorum dono pro remedio anime mee et omnium antecessorum meorum. et hoc sine dolo, sine fraude. nullo contradicente et absque ulla retentione. Testes hujus doni sunt isti. Dalmacius de Rovoreya. Benedictus sacerdos. Wigandus dapifer. Hugo Cheyboldus. Christianus sacerdos. Bericus de Alea. Bisuncus de Divona. Reymondus Albus. Petrus de Siaco. Benedictus Bertenarius. De hoc dono sive elemosyna habuit predictus Wido de beneficio domus equum quatuor librarum et quadraginta solidos gebennensis monete. Hujus rei sunt testes et laudatores Giraudus de Margincello et fratres ejus unde tresdecim solidos habuerunt. Ego Wido hanc cartam fieri jussi et firmare rogavi. facta autem est hec carta dictante Amaldrico cancellario die dominico luna vicesima regnante rege Frederico anno ab Incarnatione Domini millesimo centesimo quinquagésimo quinto indictione tercia.

(Arch. de l'évêché d'Annecy, vidimus du 6 sept. 1470.)

NOTA. — En 1155 sous l'indiction 3ᵉ le dimanche et le 20ᵉ jour de la lune se sont remontrés les 27 mars, 21 août et 18 décembre. — (Note de M. l'archi_ viste Bruchet.)

II.

Vente faite à l'abbaye de Filly par Jean Gentil de Marclaz, sa femme Agnès et son fils Mermod, du cens de 4 coupes de froment (26 juin 1322).

† Anno Domini MCCC vicesimo secundo. indictione quinta. VI Kal. julii Apud Marcla in cimisterio ante ecclesiam dicti loci. Per hoc presens publicum instrumentum cunctis appareat evidenter quod in presentia mei notarii et testium subscriptorum propter hoc personaliter constitutus vir religiosus dns Borcardus canonicus Filliaci ex una parte. et Johannes Gentiz de Marcla. Martinodus ejus filius ex altera. Predicti Johannes et Martinodus ejus filius. scientes et spontanei... de consensu laude et expressa voluntate Aguathe *(alias* Agnete) uxoris dicti Johannis matrisque dicti Martinodi vendunt et titulo pure perfecte perpetue et irrevocabilis venditionis tradunt cedunt et concedunt predicto dno Borcardo presenti ementi stipulanti et recipienti nomine suo et vice nomine et ad opus religiosorum virorum domini abbatis et conventus Filliaci et successorum suorum quatuor cupas boni frumenti pulchri et receptibilis ad mensuram Thononii annui redditus. quas quatuor cupas frumenti annui redditus dicti venditores de consensu et laude dicte Agnete assignant et assetant dicto dno Borcardo stipulanti recipienti ut supra percipiendas levandas et recipiendas perpetuo annis singulis circa festum beati Michaelis super duabus posis terre sitis in territorio de Marcla in loco qui dicitur Assetrues juxta viam publicam tendentem de Marcla versus chersier ex una parte et terram heredis Girardi de Thonon domicelli ex altera. quas duas posas terre asserunt dicti venditores esse de allodio suo. Item super omni jure et ratione quod et quam dicti venditores habent seu habere debent in recollecta terragiorum dictorum de montibus. quorum terragiorum medietas pro indeviso spectat et pertinet ad dictum dnum Borcardum. Et sunt site res super quibus percipiuntur dicta terragia in villa et territorio de Marcla. et hoc pretio sex librarum et decem solidorum gebenn. quod pretium dicti venditores confitentur et publice recognoscunt se habuisse et recepisse a dicto emptore titulo et ex causa venditionis predicte in denariis

numeratis et in ipsorum utilitatem ut asserunt totaliter fore versatum. Et super rebus predictis dicti venditores promictunt pro se et suis prenominatis solvere et reddere perpetuo annis singulis termino predicto dictas quatuor cupas frumenti annui redditus dicto dño Borcardo ad vitam suam. et post ejus decessum dictis religiosis et successosibus eorumdem... Volentes et mandantes... Devestiendo se, etc. Ad hoc sunt testes vocati et rogati Rodulphus de Jussyer. Hugonetus de Pilichet et Roletus filius quondam Richardi de Chersier et plures alii. Et ego Johannes Silvestri de Marignens clericus auctoritate imperiali notarius publicus et juratus curie dni gebennensis episcopi... hoc presens publicum instrumentum scripsi subscripsi signavi fideliterque tradidi et complevi. Datum ut suprà.

(Suivent la marque du notaire et l'attestation de l'official de l'évêché, dont toutefois le nom et le sceau manquent.)

(Cette charte et la précédente nous ont été gracieusement communiquées par M. le chanoine J.-M. Chevalier.)

III.

Vente faite par le couvent de Filly à Rod. Michel de Jussy et à Perrette, sa femme, de tout ce que le dit couvent possède à Marclaz en vertu d'acquis faits de Nᵉ Etienne de Mons et de Jean Gentil de Marclaz (25 mai 1329).

† In nomine Domini Amen. Anno ejusdem MCCCXXIX indictione XII. VIII Kal. junii per hoc presens publicum instrumentum cunctis appareat enidenter quod in presentia mis (*sic*) notarii et testium subscriptorum constituti venerabilis vir et honestus dominus Johannes abbas monasterii Filliaci Ordinis Sᵗⁱ Augustini et ejusdem loci conventus, videlicet fratres et dni Borcardus de Chessez. Girardus de Cervenz. Vuillelmus de Tallueriis. Aymo de Roverea. Franciscus de Seyssello. Stephanus de Cresto. Johannes de Alpibus. Perretus de Gresiez. Johannes de Thonons. concanonici dicti loci in claustro dicti monasterii propter hoc more solito congregati, non vi, non dolo... vendunt perpetuo et titulo perfecte et irrevocabilis vendicionis cedunt

et concedunt pro se et suis successoribus quibuscunque Rodulpho Michaelis de Jussiez et Perrete ejus uxori et suis heredibus aut cui ipsi conjuges dare vel legare voluerint et michi notario infrascripto stipulanti et recipienti nomine et ad opus predictorum conjugum et suorum prenominatorum tanquam publica persona. quicquid ipsi religiosi habent vel habere debent in villa et territorio de Marcla ratione emptionis facte per eosdem religiosos a Stephano de Montz dicto de Mollens domicello et a Johanne Gentilz de Marcla et ejus filio tam in terris. pratis. vineis. censis. terragiis. arboribus. nemoribus, pascuis. usagiis quam rebus aliis universis quecunque sint et quocunque nomine censeantur. et hoc pro vero et justo precio quadraginta librarum gebennensium per predictos religiosos nomine suo et ecclesie sue habitarum et receptarum in bona pecunia numerata et in ipsorum religiosorum ut asserunt utilitatem fore conversa videlicet in aliis majoribus et melioribus acquirimentis factis per eosdem religiosos ut asserunt ad opus dicti monasterii suprascripti. Cedentes et concedentes prefati religiosi nomine suo proprio et monasterii sui predicti ex causa venditionis predicte predictis conjugibus... omnia jura et omnes actiones reales personales mixtas utiles et directas contrarias pretorias et civiles que et quas habent vel habere videntur per se vel per alium ex quacumque causa vel racione seu habituri sunt in premissis omnibus et singulis ut predictum est venditis contra quascumque personas et specialiter contra predictos Stephanum de Montz domicellum Johannem Gentilz et ejus filium necnon heredes et successores eorum ratione et occasione premissorum venditorum... Mandantes et precipientes tenore presentium dicti religiosi hominibus de Marcla feodatariis seu amphyteotariis qui sibi tenentur in aliquibus censis terragiis et recollectoribus ipsorum terragiorum quatenus ipsi ex nunc in antea dictis conjugibus et causam habituris ab eisdem perpetuo in omnibus et per omnia super premissis venditis respondeant et obediant cum effectu sicut ante confectionem presencium dictis religiosis aut mandato suo respondebant et obediebant seu respondere et obedire quomodolibet tenebantur. Devestientes se... Actum ut supra. Presentibus dno Jacobo de Chessez presbytero. Perreto Fabri de Jovernay. Stephano Nivel. Porterio Filliaci testibus ad premissa vocatis et rogatis. Ego vero Johannes Silvestri de Marrugniens clericus imperiali auctoritate notarius publicus premissis omnibus una cum dictis testibus interfui et rogatus a dictis religiosis presens instrumentum publicum conscripsi fideliter et signavi.

(Au bas la marque du notaire et le sceau de l'official de l'évêché.)

IV.

Transaction entre l'abbé de Filly (Nicolas) et N˙ Henry d'Allinge au sujet de certains différends.

(26 juillet 1345.)

In nomine Dñi, Amen. Anno ejusdem Mᵒ cccᵒ XLVᵒ ind XIIIᵃ die XXVIᵃ mensis julii noverint universi presens publicum instrumentum inspecturi, quod cum in presentia nostrum notariorum et testium subscriptorum questio et discordia verterentur inter viros religiosos dñum Nycholaum abbatem monasterii Filliaci nomine suo et dicti monasterii sui necnon dños fratres Reymondum de Hermencia, Girardum de Cervenz, Aymonem de Roverea, Vuillelmum de Tallueriis, Franciscum de Seyssello, Ansermum de Portu de Gebennis, Guigonem de Borgeto, Humbertum de Agneres, Petrum de Veygeret, Johannem de Bona, Jacobum de Villier et Johanem de Alpibus canonicos dicti monasterii sono campane insimul in claustro dicti monasterii more solito penitus (?) congregati et conventum facientes ad infrascripta, ex una parte, et virum nobilem Henricum de Alingio dñum de Coudrea ex altera, super eo videlicet quod dictus dñus abbas petebat a dicto Henrico quod missilerii ipsius Henrici ceperunt indebite quamdam equitaturam que erat Perreti decombis feudatarii dicti monasterii in et super feudis dicti monasterii et ante restitutionem dicte equitature multas expensas fecerat idem dñus abbas pro ipsa habenda ac dicebat quare petebat dictas expensas ab eodem. — Item quod cum idem Henricus emerat perpetue a Perreto Anthie de Fillier duas cupas frumenti ad mens. de Thonun censuales assetatas in et super rebus quas idem Perretus tenet a monasterio predicto absque laude dictorum religiosorum petebat super hiis fieri declarationem. — Item petebant dicti religiosi sibi solvi per dictum Henricum quindecim solidos geben. censuales legatos dicto monasterio pro anniversario Petri de Alingio quondam domini de Coudrea. — Item quod dictus Henricus detinebat unam archam minus juste quam erat, quondam Huguete de Strata probe mulieris dicti monasterii, quare petebant dictam archam sibi reddi. — Item quod quidam homines dicti Henrici de Villa de Massongier ceperint indebite quatuor equitaturas infra banna et juridicionem dicti monasterii, quare petebant dicti religiosi remissionem sibi fieri de malefactorum personis. — Item petebant quod familiares dicti Henrici de nocte venerunt in villa de Jussie videlicet in quodam hospicio hominum talliabilium eorumdem et ibidem hospicium ruperunt cum secure indebite et injuste quare petebant super hiis de injuria et de dampno sibi fieri emenda competente. — Ad que omnia respondebat dictus Henricus se ad predicta facienda non teneri.....

Tandem dicte partes super hiis et dependentibus et emergentibus ex eisdem compromiserunt se in amicos vidilicet in virum discretum Bosonem Pinardi de Baleysons pro parte dictorum religiosorum electum, et in Mermetum de Regnens domicellum per dictum Henricum electum et in Mermetum de Mota domicellum ab ipsis communiter tamquam medium electum, et promiserunt dicte partes per juramenta sua ad sancta Dei evangelia corporaliter prestita et sub obligacione omnium bonorum suorum actendere et complere dictum et pronunciacionem dictorum amicorum super hiis facienda. — Qui amici pronunciaverunt et dixerunt unanimiter et concordes quod dictus Henricus dñus de Coudrea pro quindecim solidis geben. census legatis per Petrum de Alingio predictum dicto monasterio pro anniversario ipsius Petri perpetue faciendo assetare teneatur infra proximum festum beati Michaelis predictis religiosis duodecim solidos gebenn. censuales de allodio suo, pro quibus xii solidis ipsi religiosi anniversarium dicti Petri tertia die post festum beati Michaelis facere teneantur. quos xii solidos census dictus Henricus dñus de Coudrea et sui heredes possint et debeant rehabere et redimere per undecim libras geb. semel. quas dicti religiosi reponere teneantur in acquirimento perpetuo xii solidorum geben. census pro dicto anniversario et dictum acquirimentum teneantur denunciare dicto Henrico et ostendere si voluerit, et pro tanto dictus Henricus sit quictus et immunis de dictis xv solidis census. Item quod dictus Henricus dictam archam dictis religiosis reddere teneatur. — Item quod omnes alie questiones,... et discordie de quibus superius fit mentio sint quitte penitus et remisse et pro tanto sit bona pax et concordia inter ipsos. Quam pacem, transactionem et concordiam dicte partes expresse ratificaverunt, emologaverunt et approbaverunt et promiserunt per dicta juramenta sua in contrarium de cetero non venire sed ea inviolabiter observare. — Renunciantes in hoc facto... Datum et actum Filliaci in claustro dicti monasterii presentibus testibus et vocatis Amedeo de Alingio, Johanne et Mermeto de Lucingio fratribus Johanne de Regnens domicellis, dogño Francisco de Castro de Baleysons presbitero et pluribus aliis anno et die quibus suprà, nobisque Gothofredo De Ponte de Gebennis et Johanne Silvestri de Marrignyens clericis, imperiali auctoritate notariis et juratis curie dñi Gebennensis episcopi qui de premissis hoc presens publicum instrum^m recepimus. Et ego dictus Johannes Silvestri de Marrigniens dictum publ. instrum^m manu mea propria scripsi, in formam publicam redegi, signisque meis solitis signavi fideliter et complevi unacum signis et subscriptione dicti Gothefredi.

(D'après une copie ancienne.)

V.

Exécution en effigie de Félicie Mallet, de Nernier, coupable d'avoir volé un bréviaire dans l'église de l'abbaye de Filly (25 mai 1347).

In nomine Domini Amen. Anno ejusdem M.CCC°.XLVII° indictione XV^a. et die XXV^a. mensis nottembris in itinere publico juxta pontem aque de Sier inter dictam villam de Sier et dictum pontem coram me notario publico curie dni Gebennensis episcopi jurato et testibus infrascriptis per hoc presens publicum instrumentum cunctis appareat evidenter. Cum hoc sit quod quedam mulier nomine Felixia filia Petri Mallet de marsegliz supra nernier ut dicebat eadem felixia detempta fuisset et arestata apud thonuns per Johannem frilleti de Morgex diocesis Auguste Vicecastellanum Alingii noui et Thononii nomine et ex parte viri nobilis Lancelloti de castellione domicelli castellani Alingii noui et Thonon. pro illustri principe dno Amedeo comite sabaudie seu per familiares predicti castellani. pro eo quod dicta felixia inculpabatur cepisse furtiue quoddam breviarium infra ecclesiam abbacie de Fillier. dictus dominus abbas de Fillier nomine suo et conventus sui de Fillier dictam mulierem peteret sibi remicti per predictum castellanum. et plures dietas in assisiis Thonon. coram viro venerabili et discreto dno Johanne Ravayssii legum professore judice in Gebennio et Chablasio pro dno nostro comite supradicto et coram Jaqueto Albi de Viuiaco jurisperito procuratore in Gebennio et Chablasio pro dicto dno comite ac locum tenente dicti dni judicis tenuerint dictus dns abbas et Henricus de Alingio dominus de Coudrea. et tandem dictus dns judex visis et inspexis licteris petitionibus et deffensionibus utriusque partis die XII^a. mensis novembris anno quo supra in assisiis publicis Thon. tunc sibi assignatis per dictum dominum judicem sedentem pro tribunali sententialiter pronunciavit quod cum dicta mulier in carceribus castri Thononii dicti dni comitis mortua extiterit effigiem dicte mulieris remicti per dictum castellanum seu ejus familiares prefato Henrico domino de Coudrea tamquam ad illum ad quem punicio dicte mulieris pertinet et debet pertinere. Mandando et precipiendo dictus dns judex per suam licteram sententialem prefato castellano seu ejus locumtenenti ut dictam mulierem seu ejus effigiem dicto Henrico dno de Coudrea remictat atque reddat. nonobstantibus eis que dictus dns abbas nomine suo et dicti sui conuentus proposuit et allegauit coram dno judice memorato. Dictusque castellanus mandatis dicti dni judicis cupiens obedire dicto Henrico seu Mermeto Estrey de sier mistrali de coudrea effigiem dicte mulieris mortue remisit expediuit et deliberauit in via publica tendente de thonuns versus Gebennas in medio aque de rizon die XIIII^a. mensis novembris anno quo supra per Jaquemetum de prato burgensem Thon. mistralem de sursier et de reuro ac familiarem curie alingii noui et thon. prout de ipsa remissione per dictum Jaquemetum de prato familiarem ut supra facta dicto Henrico patet per quoddam publicum instrumentum manu mei notarii publici confectum et receptum pro ipsa effigie mulieris punienda secundum quod delicta ipsius mulieris exigunt et requirant. Quocirca dictus Henricus de alingio dominus dicti castri de Coudrea visis et inspexis maleficiis et delictis ipsius mulieris effigiem seu figuram dicte mulieris mortue submergi fecit in aqua de forons prope pontem dicte aque a parte lacus die XXV^a. mensis nouembris anno et indictione quibus supra. De quibus premissis omnibus dictus Henricus de alingio dominus de coudrea requisiuit me notarium infrascriptum ut ex officio meo sibi reddam et conficiam publicum instrumentum. Ad predicta vero fuerunt testes vocati presentes et rogati videlicet Johannes. Aymonetus et Mermetus de langino domicelli fratres. Mermetus de rugnens domicellus. Perronetus botollier de Sier. Roletus foudrauz de Vyegier. mermetus filius nicodi de nemoribus. Perronetus de campo et Johannes ejus filius. Johannes mellyt de glandon. nicoletus barbitonsor de bonatrey. mermetus chapuys de liuringio. Johannes lunanery de chavanes. nicoletus ejus frater. Girodus croset de eodem. dictus tron de cheugier. henricus filius reymondi de Jussier clericus. Ansermetus de chavagnier. Johannodus ejus consanguineus. henricus Vyunet Ansermus ejus frater de Chuesier. mermetus filius clerici de chuesier. berthetus mugnerii. bosonetus. petrus. et hugonetus ejus filii. girardetus filius girardi de bredillon. Johannetus de supra ecclesiam. petrus borgey de supra ecclesiam de sier. hugonetus troterii et ejus filius. et roletus michallat de sier. et plures alii ad infinitum vocati et rogati.

Et ego Perronetus barberii de thonuns clericus auctoritate imperiali
publicus notarius curieque dni Gebennensis episcopi juratus premisse
submersioni et omnibus predictis presens fui rogatus hoc instrumentum publicum scripxi feci recepi in formam publicam redegi et
signis meis solitis fideliter signavi et tradidi.   P. B.

(Le sceau manque.)

VI.

Donation à l'abbaye de Filly par Nicolas Dumont
(2 octobre 1352).

In nomine Domini amen. Per hoc presens instrumentum publicum
cunctis appareat euidenter quod anno ejusdem M°CCC° quinquagesimo
secundo indictione quinta cum anno eodem sumpta die ij. mensis
octobris apud marrigniens ante grangiam monasterii filliaci coram me
notario publico testibusque subscriptis propter hoc personaliter et
specialiter constitutus Nychodus de monte habitator filliaci qui diu ut
asserit fuit continue familiaris monasterii predicti videlicet spacio
triginta octo annorum vel circa. sciens et spontaneus non cohactus
ut asserit nec circunventus considerata euidenti utilitate sua et salute
anime sue ut dicit se et omnia et singula bona sua quecumque sint
et ubique et in quibusque rebus consistant et quocumque nomine
censeantur donans irreuocabiliter inter viuos cessit et concessit dedi-
cauit et obtulit monasterio predicto beate Marie virgini et venerabili
et religioso viro domino Nycholao abbati ipsius monasterii Filliaci
stipulanti et recipienti nomine suo conuentus et monasterii sui et
successorum suorum. Que omnia et singula bona predicta ut premic-
titur donata et dedicata se constituit dictus Nychodus nomine et ad
opus dicti domini abbati *(sic)* et sui conventus totaliter possidere et
tenere quousque possessionem apprehendiveret de premissis. Volens
dictus Nychodus et constituens se esse et velle et debere esse familiarem et servitorem prefati domini abbatis conventus et successorum
suorum quamdiu ipse Nychodus vixerit in humanis eidem domino
abbati supplicans idem Nychodus se prebendarium familiarium et
rendutum ad vitam suam institui in monasterio supradicto. cui sup-
plicationi idem dominus abbas consensum prebuit et pro se conventu

et successoribus suis eidem Nychodo donavit et concessit prebendam
unam familiarem percipiendam per eundem in dicto monasterio
quandiu vixerit in humanis. Qui Nychodus juravit supra sancta Dei
euangelia se predicta omnia et singula actendere perpetuo et ea nulla-
tenus reuocare nec in contrarium venire verbo facto opere vel consensu sed fidelis esse perpetuo monasterio et religiosis ejusdem predictis quamdiu fuerit in humanis. Testibus ad predicta presentibus et
vocatis Perrodo de Montibus. Perreto Pachodi et Roleto Possat de
Marrignens. meque Johanne Siluestri de Marrignyens clericus imperiali auctoritate notarius publicus et juratus curie dni gebennensis
episcopi qui rogatus presens instrumentum publicum recepi conscripsi
fideliter et signaui.

(*Archives départ.*)

VII.

Nous avions dressé, pour l'insérer ici, le tableau des cens que les
PP. Barnabites de Thonon percevaient, au siècle dernier, en vertu de
la rente féodale de Filly : il s'est malheureusement égaré ou perdu.
Nous pourrions le reconstituer, il est vrai ; mais il nous faudrait pour
cela retarder, de quelques jours, le tirage à part et l'augmenter d'une
feuille ; nous préférons la supprimer.

TABLE DES MATIÈRES

www.ingramcontent.com/pod-product-compliance
Ingram Content Group UK Ltd.
Pitfield, Milton Keynes, MK11 3LW, UK
UKHW020028100726
13658UKWH00003B/1171